Bernhard Stentenbach

Französisch
Der Fitmacher!

Trainer für flüssiges Französisch beim Sprechen und Schreiben

smf

smf-Buch
sicher in modernen Fremdsprachen

Copyright © 2009 Bernhard Stentenbach, Langenfeld
Umschlaggestaltung: Martin Niggemann, Münster
Herstellung und Verlag: Books on Demand GmbH, Norderstedt
Made in Germany
ISBN 978-3-8391-3149-7

Vorwort

Liebe Leserin, lieber Leser,

Französisch – Der Fitmacher! ist ein Kommunikationstrainer für flüssiges Sprechen und Schreiben. Der erste Teil des Buches (Kap. 1 – 8) bezieht sich auf das Training von flüssigem Sprechen. Er setzt bestimmte Grundkenntnisse auf einem relativ niedrigen Level voraus. Ziel ist es, ein Gespür für das wirkliche Alltagsfranzösisch zu bekommen. Dadurch erwerben Sie mehr Selbstbewusstsein, sich freier und lockerer in der französischen Sprache zu bewegen.

Im Mittelpunkt aller Aussagen und Stellungnahmen steht generell Ihr persönlicher Standpunkt, Ihre persönliche Sicht der Dinge. Sie finden gängige umgangssprachliche Formulierungen für typische Gedanken, die sich beim spontanen Sprechen einstellen. So identifizieren Sie sich automatisch mit der jeweiligen Gesprächssituation bzw. dem Thema des Gesprächs. Die typischen alltäglichen Formulierungen erscheinen in Form von kurzen, griffigen Sätzen, die sich leicht im Langzeitgedächtnis einprägen und Ihnen auch später beim spontanen Sprechen wieder zur Verfügung stehen.

Die Sätze (deutsch-französisch) sind bewusst kurz gehalten, um das Behalten zu erleichtern. Besonders einprägsame Formulierungen werden optisch hervorgehoben. Die Sätze enthalten eine relativ einfache Grammatik. Im Vordergrund steht prinzipiell nicht das einzelne Wort, sondern die Wortverbindung. Es gilt, sich diese festen Wortverbindungen einzuprägen, als wären sie ein einziges Wort. Als Bestandteil dieser Wortverbindungen festigen Sie somit die Grammatik ohne bewusste Regeln. Dies erleichtert die Anwendung der Sprache ungemein.

Zur Unterstützung eines effektiven Lernens werden an zahlreichen Stellen lernrelevante grammatische Phänomene in einem Rahmen übersichtlich dargestellt. In bestimmten Fällen werden innerhalb von Sätzen fehlerträchtige Wortfolgen durch einen kleinen Rahmen visuell hervorgehoben, wodurch das Einprägen erleichtert wird.
Zur Förderung einer produktiven Sprachverwendung enthält das Buch fernerhin vielfältige grau unterlegte Zusammenstellungen von Wörtern und Ausdrücken.

Behandelt werden wesentliche Alltagsbereiche wie z.B. persönliche Kontaktaufnahme, Familie, Essen und Trinken, Freizeit, Freunde, Reisen, Zukunftspläne, Beruf sowie aktuelle gesellschaftliche Themen.

Der zweite Teil des Buches (Kap. 9 – 11) bietet eine Anleitung für die Abfassung von E-Mails/Briefen. Anhand ausgewählter Muster-E-Mails/Briefe erhalten Sie nützliche Vorlagen für ähnliche E-Mails/Briefe an Freunde, Bekannte, Geschäftspartner, Institutionen u.a. Ebenso finden Sie eine praktische Vorlage für die Abfassung eines Bewerbungsschreibens mit Lebenslauf. Weiterhin steht Ihnen ein Verzeichnis wichtiger Formulierungen für die Abfassung von E-Mails/Briefen zur Verfügung.

Ich bin überzeugt, dass Ihnen *Französisch – Der Fitmacher!* eine wirksame Hilfe bei der Verbesserung Ihrer Französischkenntnisse sein wird.

Viel Erfolg wünscht Ihnen

Bernhard Stentenbach

Abkürzungen

adj.	adjectif
adv.	adverbe
cond.	conditionnel
f.	féminin
fut.	futur
impf.	imparfait
m.	masculin
p.c.	passé composé
pl.	pluriel
plqpf.	plus-que-parfait
qc	quelque chose
qn	quelqu'un
subj.	subjonctif

Inhalt

1

Persönliche Kontaktaufnahme

1.1 Alltagskontakte

Können Sie mir sagen ...?

Entschuldigung. Ich suche eine Apotheke.

Pardon, Monsieur. Je cherche une pharmacie. *(chercher)*

Entschuldigung. **Gibt es hier in der Nähe ein Restaurant?**

Pardon, Madame. **Il y a un restaurant près d'ici?**

Wie komme ich bitte zum *Bahnhof / zum Theater / zum Hotel Europa?*

Pour aller à la gare / au théâtre / à l'Hôtel Europe, s'il vous plaît?

Ist das weit von hier?

C'est loin d'ici?

Gibt es einen Bus dahin?

Il y a un bus pour y aller?

Wissen Sie, wo das ist?

Vous savez où c'est?

Wo befinden sich bitte die Toiletten?

Où se trouvent les toilettes, s'il vous plaît? *(les toilettes (f. pl.))*

Können Sie mir bitte sagen, *wo die Toiletten sind?*

Vous pouvez me dire où sont les toilettes, s'il vous plaît?

Entschuldigung. **Wie viel Uhr ist es** *bitte?*

Pardon, Monsieur. **Quelle heure est-il**, s'il vous plaît?

Haben Sie genaue Uhrzeit?

Vous avez l'heure, s'il vous plaît?

– Es ist 3 Uhr.

– Il est trois heures.

– Es ist halb vier.

– Il est trois heures et demie.

– Ich weiß nicht.

– Je ne sais pas.

savoir:	je sais	**tu sais**	il/elle sait
(wissen)	nous savons	**vous savez**	ils/elles savent
pouvoir:	je peux	**tu peux**	il/elle peut
(können)	nous pouvons	**vous pouvez**	ils/elles peuvent

Gebäude

die Straße	la rue	*der Bahnhof*	la gare
das Restaurant	le restaurant	*das Kino*	le cinéma
ein Hotel	un hôtel	*das Theater*	le théâtre
die Bank	la banque	*das Museum*	le musée
die Post	la poste	*das Schloss*	le château
die Apotheke	la pharmacie	*eine Kirche*	une église

---

y = *dahin, dorthin*

Wie komme ich dahin?	Comment faire pour y aller?
Du kannst zu Fuß dahin gehen.	Tu peux y aller à pied.
Ich kann da nicht hingehen.	Je ne peux pas y aller.
Ich fahre mit dem Bus dahin.	J'y vais en bus.
Fahren Sie mit dem Wagen dorthin?	Vous y allez en voiture?
Ich gehe nicht dahin.	Je n'y vais pas.

Fragesatz

Wo ist der Bahnhof?	*Où est la gare?*
Wo ist das?	*Où est-ce que ça se trouve?*
Wissen Sie, wo der Bahnhof ist?	*Vous savez où est la gare?*
Wissen Sie, wo das ist?	*Vous savez où c'est?*
Weißt du, wo das ist?	*Tu sais où c'est?*

Können Sie mir helfen?

Entschuldigen Sie.	Excusez-moi, Monsieur/Madame.
Könnten Sie / Können Sie mir bitte helfen?	**Vous pourriez / Vous pouvez m'aider**, s'il vous plaît?
– Ja, gerne.	– Oui, avec plaisir.
Kannst du mir bitte einen Gefallen tun?	**Tu peux me rendre un service, s'il te plaît?**
– Moment, ich komme sofort. *(ankommen)*	**– Une minute, j'arrive tout de suite.** *(arriver)*

Ich habe ein Problem.	J'ai un problème.
Wie geht diese Parkuhr? *(gehen, funktionieren)*	Comment marche ce parcmètre? *(marcher) (le parcmètre)*
Können Sie mir das erklären?	Vous pouvez m'expliquer ça?
– Kein Problem.	**– Pas de problème.**
Ich kann diese Tür nicht öffnen.	Je ne peux pas ouvrir cette porte. *(la porte)*
– Augenblick, ich helfe Ihnen (= *ich werde ... gleich helfen*).	**– Une minute, je vais vous aider.**

Das ist sehr nett.	C'est très gentil.
Das ist sehr nett von Ihnen.	**C'est très gentil à vous.**

Ich habe eine Bitte

Darf ich Sie etwas fragen
  (= … Ihnen eine Frage stellen)?

**Je peux vous poser
une question?**

*Kann ich Sie einmal kurz
  sprechen?*

Je peux vous parler
  pour une minute?

Könntest du das reparieren?

Tu pourrais réparer ça?

*Könnten Sie diesen Text
  ins Französische übersetzen?*

Vous pourriez traduire ce texte
  en français? *(le texte)*

Wie komme ich am besten
  zum Schloss?

Quel est le chemin pour aller
  au château?

Ist das weit zu Fuß?

C'est loin à pied?

*Können Sie mir das auf diesem
  Stadtplan zeigen?*

Vous pouvez me montrer ça
  sur ce plan?

*Könnten Sie mir das noch mal
  erklären?*

Pourriez-vous m'expliquer ça
  encore une fois?

---

*Kann ich **deine E-Mail-Adresse**
  haben?*

Je peux avoir **ton adresse
  e-mail** [imɛl]? *(une adresse)*

– Ja, klar.

– Oui, bien sûr.

---

me/te/nous/vous

Können Sie mir helfen?	Vous pouvez m'aider?
Kannst du mir deine Adresse geben?	Tu peux me donner ton adresse?
Ich kann dir das nicht sagen.	Je ne peux pas te dire.
Können Sie uns helfen?	Vous pouvez nous aider?
Ich zeige Ihnen das (gleich).	Je vais vous montrer ça.

Vielen Dank

Danke.

Merci.

Vielen Dank. Das ist sehr nett.

Merci beaucoup. C'est très gentil.

– Gerne. / Bitte.

– De rien.

– Keine Ursache.

– Pas de quoi.

Vielen Dank für Ihre Hilfe.

Merci beaucoup pour votre aide.

*Ich danke Ihnen sehr für
  Ihre Auskunft.*

Je vous remercie beaucoup pour
  votre renseignement. *(remercier)*

Kann ich Ihnen helfen?

Kann ich Ihnen helfen?	**Je peux vous aider**?
Kann ich dir helfen?	Je peux t'aider?
Hast du ein Problem mit deinem Rad?	Tu as un problème avec ton vélo?
Kann ich mal nachsehen?	Je peux regarder?
Geht dein Mofa nicht?	Ta mobylette ne marche pas?
Ist Ihr Motorrad kaputt?	Votre moto est en panne?
Sie können mein Auto nehmen, wenn Sie wollen.	Vous pouvez prendre ma voiture, si vous voulez.
Ich kann Sie** in die Stadt **mitnehmen, wenn Sie wollen.	**Je peux vous emmener** en ville **si vous voulez.**
– Das ist sehr nett von Ihnen.	– C'est très gentil à vous.

avoir:	**j'ai**	**tu as**	il/elle a
(haben)	nous avons	**vous avez**	ils/elles ont
vouloir:	je veux	**tu veux**	il/elle veut
(wollen)	nous voulons	**vous voulez**	ils/elles veulent

Rad und Auto

das Fahrrad	le vélo	*das Motorrad*	la moto
das Mofa	la mobylette	*das Auto*	la voiture

Ich habe ein Problem

*Mein MP3-Player **läuft nicht.***	Mon lecteur MP3 **ne marche pas.**
Ich weiß nicht, wie ich das machen soll.	**Je ne sais pas comment faire.**
Wie geht/funktioniert das?	**Comment ça marche**?
Ich kann das nicht.	Je ne peux pas faire ça.
Warten Sie. Ich zeige es Ihnen.	Attendez. Je vais vous montrer.
***Wie geht das**, diese CD zu kopieren?*	**Comment faire pour** copier ce CD?
Das ist nicht schwer. Schau mal!	Ce n'est pas difficile. Regarde.
Das ist sehr leicht. Schauen Sie mal!	C'est très facile. Regardez.
*Das weiß ich nicht. **Das tut mir Leid.***	Je ne sais pas. **Je suis désolé/e.**
Das ist kaputt.	**C'est en panne.**

Tut mir Leid. *Da kann ich Ihnen nicht helfen.*	**Désolé/e**. Là, je ne peux pas vous aider.
Da kann man nichts machen.	**Là, on ne peut rien faire.**
*Ich will mal **meinen Freund fragen**. (jdn fragen)*	Je vais **demander à mon ami**. *(demander à)*
Ich will mal meine Freundin anrufen.	Je vais appeler mon amie.
Ihr Bruder ist Informatiker.	Son frère est informaticien.
Er hat schon meinen Computer repariert.	Il a déjà réparé mon ordinateur.
***Vielleicht kann er** Ihnen einen Rat geben.*	**Peut-être qu'il peut** vous donner un conseil.

---

demander = *fragen*

Ich will mal meinen Vater fragen.	Je vais **demander à** mon père.
Ich will ihn mal fragen, ob er uns helfen kann.	Je vais $\boxed{\text{lui}}$ demander s'il peut nous aider.
Ich frage mal meine Schwester.	Je vais **demander à** ma sœur.
Ich frage sie mal, ob sie morgen kommen kann.	Je vais $\boxed{\text{lui}}$ demander si elle peut venir demain.

Entschuldigen Sie

Entschuldigung!	Pardon, Monsieur/Madame.
Entschuldigen Sie die Störung.	**Excusez-moi de vous déranger.**
Entschuldige bitte, dass ich etwas zu spät komme.	**Excuse-moi d'être un peu en retard.**
Oh, Entschuldigung! Ich habe ganz vergessen, Sie anzurufen.	Oh, pardon, Madame. J'ai complètement *(adv.)* oublié de vous appeler.
– *Das macht nichts*.	**– Ce n'est rien.**

Adverb beim passé composé

Ich habe das schon gemacht.	$\boxed{\text{J'ai déjà}}$ fait ça.
Hast du das schon repariert?	$\boxed{\text{Tu as déjà}}$ réparé ça?
Ich habe ganz vergessen, mich vorzustellen.	$\boxed{\text{J'ai complètement}}$ oublié de me présenter.
Ich habe total vergessen, dir meine Handynummer zu geben.	$\boxed{\text{J'ai totalement}}$ oublié de te donner mon numéro de portable.

1.2 Begrüßung und Verabschiedung

Sprechen Sie Französisch?

Sprechen Sie Französisch/ Englisch/Deutsch?

Vous parlez français/ anglais/allemand?

Ich spreche nicht gut Französisch.

Je ne parle pas bien français.

Ich spreche Englisch und etwas Spanisch.

Je parle anglais et un peu d'espagnol.

Verstehen Sie Deutsch?

Vous comprenez l'allemand?

Ich verstehe kein Spanisch / kein Russisch.

Je ne comprends pas l'espagnol / le russe.

comprendre:	**je comprends**	**tu comprends**	il/elle comprend
(verstehen)	nous comprenons	**vous comprenez**	ils comprennent
	p.c.: j'ai **compris**		

Ich habe nicht verstanden

Wie bitte? Ich habe nicht verstanden.

Pardon, je ne comprends pas. *(comprendre)*

Können Sie das bitte wiederholen?

Vous pouvez répéter, s'il vous plaît?

Entschuldigung, ich habe deinen Namen nicht verstanden.

Pardon, je n'ai pas compris ton nom. *(comprendre)*

Können Sie bitte etwas langsamer sprechen?

Vous pouvez parler un peu plus lentement *(adv.)*, s'il vous plaît?

Könnten Sie bitte etwas lauter sprechen?

Pourriez-vous **parler un peu plus fort**, s'il vous plaît?

AGV, was ist das / was heißt das?

AGV, **qu'est-ce que c'est?**

DPI, was heißt das?

DPI, **qu'est-ce que ça veut dire?**

„Kreuzworträtsel", was heißt das auf Französisch?

«Kreuzworträtsel», qu'est-ce que c'est **en français?**

AMOT, wie wird das geschrieben? (= ... wie schreibt sich das?)

AMOT, **comment ça s'écrit?**

Können Sie Ihren Namen bitte buchstabieren?

Pouvez-vous épeler votre nom, s'il vous plaît?

„e-mail", wie spricht man das aus?

«e-mail», **comment ça se prononce?**

Hallo!

Guten Tag. / Guten Morgen. Bonjour, Monsieur/Madame.
Hallo! Salut!
Guten Abend. Bonsoir, Monsieur/Madame.

Wie geht's? **Ça va (bien)?**
– Sehr gut. Danke. – Oui, très bien, merci.

Wie geht's? **Comment ça va?**
– Es geht. Und du, wie geht es dir? – Ça va. Et toi, comment vas-tu?

Wie geht es Ihnen? **Comment allez-vous?**
– Es geht so. (= Nicht schlecht.) – Pas mal. Et vous,
Und Ihnen? Geht es Ihnen gut? vous allez bien?

Ich bin froh, dass ich hier bin. Je suis content/e d'être ici.

Ich freue mich, Sie wiederzusehen. Je suis bien content/e
de vous revoir.

Ich freue mich, dass ich Sie treffe. Je suis heureux/heureuse
de vous rencontrer.

Schön, dass Sie da sind. **C'est bien que vous soyez** *(subj.)* **là.**
Schön, dass du da bist. C'est bien que tu sois *(subj.)* là.

Herzlich willkommen! **Bienvenue** *(f.)*!
Seien Sie herzlich willkommen. Soyez le/la bienvenu/e!

être: *subjonctif*	
Schön, dass du da bist.	C'est bien que **tu sois** là.
Schön, dass du gekommen bist.	C'est bien que **tu sois venu/e.**
Schön, dass Sie da sind.	C'est bien que **vous soyez** là.
Schön, dass Sie gekommen sind.	C'est bien que **vous soyez venu/e.**

Es freut mich, Sie kennen zu lernen

Es freut mich, Sie kennen zu lernen. **Enchanté/e de faire votre connaissance.**
– Angenehm! – Enchanté/e!

Ich bin Gaby Meier. Je suis Gaby Meier.
***Ich heiße** Nicole.* **Je m'appelle** Nicole.

Wie ist bitte Ihr Name? Quel est votre nom, s'il vous plaît?

Wie heißt du? **Comment tu t'appelles?**

Wie ist dein Vorname?	Quel est ton prénom?
Dein Vorname, ist das Isabelle?	Ton prénom, c'est Isabelle?
Sind Sie Herr/Frau Marty?	Vous êtes M./Mme Marty?
Bist du Jacques?	Tu es Jacques?
Es tut mir Leid, aber ich habe Ihren Namen vergessen.	Je suis désolé/e, mais j'ai oublié votre nom.
Darf ich Ihnen meine Frau vorstellen?	**Je peux vous présenter ma femme?**
Das ist mein Vater / meine Schwester.	C'est mon père / ma sœur.
Das hier sind meine Eltern.	**Voici mes parents.**
Das hier ist mein Sohn / meine Tochter.	Voici mon fils [fis] / ma fille [fij].
Kennen Sie schon *Herrn/Frau Klein?*	**Vous connaissez déjà** M./Mme Klein?
Kennst du *meinen Sohn?*	**Tu connais** mon fils?

être:	**je suis**	**tu es**	il/elle est
(sein)	nous sommes	**vous êtes**	ils/elles sont
connaître:	je connais	**tu connais**	il/elle connaît
(kennen)	nous connaissons	**vous connaissez**	ils connaissent

Eltern, Kinder, Geschwister

mein Mann	mon mari	*mein Bruder*	mon frère
meine Frau	ma femme	*meine Schwester*	ma sœur
meine Eltern	mes parents	*meine Kinder*	mes enfants
mein Vater	mon père	*mein Sohn*	mon fils
meine Mutter	ma mère	*meine Tochter*	ma fille

Woher kommen Sie?

Ich komme aus Frankfurt.	Je viens de Francfort.
Aus welcher Region / Aus welcher Stadt kommen Sie?	Vous venez de quelle région / de quelle ville?
Ah, das ist eine schöne Gegend / eine schöne Stadt.	Ah, c'est une belle région / une belle ville.
Ich war schon einmal da. *(= ich bin dorthin gefahren)*	**Je suis déjà allé/e là-bas.**
Ich war dort in Ferien.	**Je suis allé/e en vacances là-bas.**

Sind Sie in Ferien hier?
– Nein, ich arbeite hier.

Vous êtes ici en vacances?
– Non, je travaille ici.

Wie gefällt es Ihnen hier?
Es gefällt mir sehr gut hier.

Ça vous plaît ici?
Je me plais beaucoup ici.

venir:	je viens	**tu viens**	il/elle vient
(kommen)	nous venons	**vous venez**	ils/elles viennent

beau:	**un beau** château	**un bel hôtel**	**une belle** ville
(schön)			

Wie geht es Ihnen?

Wie geht es Ihnen?

Comment allez-vous?

Wie geht es Ihrem Mann?

Comment va votre mari?

Ich hoffe, es geht ihm/ihr gut.

J'espère qu'il/elle va bien.

Geht es Ihrer Frau wieder besser?

Est-ce que votre femme va mieux?

Was machen Ihre Kinder? (= Wie geht es Ihren Kindern?)

Comment vont vos enfants?

Vielen Dank für Ihre Karte aus dem Urlaub.

Merci beaucoup pour votre carte de vacances.

Wie war es in Spanien?
(= Hat es Ihnen ... gefallen?)

Ça vous a plu en Espagne?

Wir hatten ein Superwetter.

Nous avons eu un temps super.

Sind Sie schon lange
(= seit langem) **hier?**
– Seit drei Tagen.

Vous êtes ici depuis longtemps?
– Depuis trois jours.

Bleiben Sie lange?
– Bis Samstag.

Vous restez longtemps?
– Jusqu'à samedi.

Ich würde gerne länger bleiben.

J'aimerais bien rester plus longtemps.

Aber es geht nicht.
Aber **ich habe keine Zeit.**

Mais ça ne va pas.
Mais **je n'ai pas le temps.**

Ich muss am Montag nach Paris fahren.

Je dois aller à Paris, lundi.

Ich fahre zum Arbeiten dorthin. — J'y vais pour travailler.

*Sie müssen mir unbedingt
 Ihre Telefonnummer geben.* — Vous devez absolument me donner
 votre numéro de téléphone.

aller:	**je vais**	**tu vas**	il/elle va
(fahren)	nous allons	**vous allez**	ils/elles vont
devoir:	**je dois**	**tu dois**	il/elle doit
(müssen)	nous devons	**vous devez**	ils/elles doivent

Länder

en France *(f.)*	en Espagne *(f.)*	en Suisse *(f.)*
en Allemagne *(f.)*	en Grèce *(f.)*	en Turquie *(f.)*
en Angleterre *(f.)*	en Autriche *(f.)*	**au** Portugal *(m.)*
en Italie *(f.)*	en Hollande *(f.)*	**au** Danemark *(m.)*

Wochentage

Montag	lundi	*Donnerstag*	jeudi		
Dienstag	mardi	*Freitag*	vendredi		
Mittwoch	mercredi	*Samstag*	samedi	*Sonntag*	dimanche

---

j'espère que ... = *ich hoffe, ...*

Ich hoffe, es geht dir gut. — J'espère **que** tu vas bien.

*Ich hoffe, Sie hatten eine gute
 Reise.* — J'espère **que** vous avez fait
 bon voyage.

Ich hoffe, du kommst. — J'espère **que** tu viendras *(fut.)*.

Ça vous a plu? = *Wie war es?*

Wie war es?
 (= Hat es Ihnen/dir gefallen?) — Ça vous a plu? / Ça t'a plu?

Es war sehr schön.
 (= Es hat mir sehr gefallen.) — Ça m'a beaucoup plu.

Wie geht's dir so?

Wie läuft es so?
- *Es läuft alles sehr gut.
  Ich bin sehr zufrieden.*

Comment ça va?
- Tout va très bien.
  Je suis très content/e.

***Du siehst gut aus. Sag mal,
 wie machst du das?***

Tu es bien. Dis donc [dõk],
 comment tu fais ça?

*Machst du immer noch **Sport**?*	**Tu fais** toujours **du sport**?
Kannst du mir sagen, wie du das gemacht hast?	**Tu peux me dire comment tu as fait?**
Ich mache Fitness.	**Je fais du fitness.**
Ich gehe zweimal die Woche ins Fitnessstudio.	**Je vais au studio de fitness deux fois par semaine.**
Ich mache das, um fit zu bleiben.	Je fais ça pour rester en forme.
*Spielst du immer noch **Tennis**?*	**Tu fais** toujours **du tennis**?
Ich habe damit aufgehört. (mit dem Tennisspielen aufhören)	Moi, **j'ai arrêté ça.** (arrêter de faire du tennis)
Was macht die Schule? – Es läuft gut.	**Comment ça va à l'école?** – Ça va bien.
Wie war dein Urlaub?	**Comment ont été tes vacances?**
Ich war in Griechenland.	Je suis allé/e en Grèce.
Ich habe einen Wellnessurlaub gemacht. (verbringen)	J'ai passé des vacances wellness. (passer)
Was macht deine Arbeit? – **Ich habe eine neue Arbeitsstelle.** Sie gefällt mir gut.	Comment va ton travail? – **J'ai un nouvel emploi.** Il me plaît beaucoup.

faire:	**je fais**	**tu fais**	il/elle fait
(machen)	nous faisons	**vous faites**	ils/elles font

nouveau:	**un nouveau** studio	**un nouvel emploi**
(neu)		**une nouvelle** amie

Wie war die Fahrt?

Hatten Sie eine gute Reise?	**Vous avez fait bon voyage?**
Wie war die Reise (= ...ist ... verlaufen)?	**Comment s'est passé votre voyage?**
Sie sind bestimmt müde.	Vous êtes sans doute fatigué/e.
Es ist alles glatt gegangen. (verlaufen, ablaufen)	**Tout s'est bien passé.** (se passer)
6 Stunden mit dem Auto, das ist ganz schön stressig.	Six heures de voiture, c'est bien stressant.

Es gab mehrere Staus. | Il y a eu plusieurs bouchons.

*Wir haben mehrmals
   Pause gemacht.* | Nous avons fait plusieurs
   haltes. *(faire une halte)*

Ich habe ein Navigationsgerät. | J'ai un système de navigation.

So gibt es kein Problem. | **Comme ça, il n'y a pas de
   problème.**

Sind Sie mit dem Auto / *mit
   dem (Reise-)Bus* **gekommen?** | **Vous êtes venu/e en voiture /
   en car?**

présent – passé composé			
avoir:	j'ai – **j'ai eu**	faire:	je fais – j'ai **fait**
	il y a – **il y a eu**	aller:	je vais – je **suis allé/e**
être:	je suis – **j'ai été**	venir:	je viens – je **suis venu/e**

Verkehrsmittel

Sind Sie mit dem Auto hier? | Vous êtes **en voiture**?
Ich bin mit dem Zug gekommen. | Je suis venu/e **en train.**
Ich bin mit dem Bus gekommen. | Je suis venu/e **en bus / en car.**
Ich bin zu Fuß hier. | Je suis **à pied.**

Tschüss!

Dann auf Wiedersehen! | Alors, au revoir.
Tschüss! **Bis morgen.** | Salut! **A demain.**
Dann **bis heute Abend.** | Bon alors, **à ce soir.** *(le soir)*

*Ich bin dann mal weg.
   (= Ich lasse Sie zurück.)* | Bon, je vous laisse.

Wir sehen uns morgen wieder. | On va se revoir demain.

Ich muss jetzt gehen. | Je dois partir maintenant. *(devoir)*

Ich muss mich beeilen. | **Je dois me dépêcher.**

Sonst verpasse ich den Bus. | **Sinon, je vais rater mon bus.**

Ich kann nicht länger bleiben. | Je ne peux pas rester
   plus longtemps.

Ich habe keine Zeit. | **Je n'ai pas le temps.**

*Ich habe noch einen Termin
   heute Abend.* | J'ai encore un rendez-vous
   ce soir.

Dann bis gleich.	**Alors, à tout à l'heure.**
Bis später.	A plus tard.
Bis bald.	A bientôt.
Bis Samstag.	A samedi.
Schönen Tag noch.	**Bonne journée.**
Schönen Abend.	Bonne soirée.
Schönes Wochenende.	Bon week-end.

Ich wünsche Ihnen was

Alles Gute!	**Bonne chance!**
Ich wünsche Ihnen alles Gute für die Zukunft.	Je vous souhaite bonne chance pour l'avenir. *(un avenir)*
Ich wünsche Ihnen eine gute Nacht.	Je vous souhaite une bonne nuit.
Gute Reise.	**Bon voyage.**
Schöne Ferien.	Bonnes vacances.
Schönes Fest.	Bonne fête.
Viel Spaß!	Bon amusement.

Wir bleiben in Kontakt

Also, wir bleiben in Kontakt.	Alors, on reste en contact.
Vielleicht sehen wir uns mal wieder.	Peut-être qu'on se reverra *(se revoir: fut.)* un jour.
Ich rufe dich morgen an.	**Je t'appelle demain.** *(appeler)*
Wenn (= Falls) du etwas brauchst, ruf mich einfach an.	Si tu as besoin de quelque chose, appelle-moi.
Du kannst mich jederzeit anrufen.	Tu peux m'appeler à tout moment.
Ich gebe dir/Ihnen **meine Handynummer.**	Je te/vous donne **mon numéro de portable.**

Du kannst mir auch schreiben. **Hier ist meine Adresse.**	Tu peux aussi m'écrire. **Voici mon adresse.** *(une adresse)*
Könnten Sie mir Ihre E-Mail-Adresse geben?	Pourriez-vous me donner **votre adresse e-mail?**
Sie können mir auch eine Mail schicken.	Vous pouvez aussi m'enyoyer un mail [mɛl].

1.3 Gefühle

Das ist toll!

Das ist toll/klasse!	**C'est génial.**
Das ist eine tolle Idee.	**C'est génial comme idée.**
Das ist toll.	**C'est formidable.**
Das ist toll, was du gemacht hast.	**C'est formidable ce que tu as fait.**
Das ist gar nicht so schlecht.	**C'est pas mal.**
Das ist gar keine so schlechte Idee.	**C'est pas mal comme idée.**
Psychologe, das ist gar kein so schlechter Beruf.	Psychologue, c'est pas mal comme métier.

Das ist (sehr) gut so.	**C'est (très) bien comme ça.**
Ich finde das super.	Je trouve ça super.
Ich finde diesen Artikel sehr gut.	Je trouve cet article très bon.
Ich finde das sehr gut, was Sie geschrieben haben.	Je trouve très bon ce que vous avez écrit.
Das war richtig, dass Sie mich angerufen haben. (= Sie haben es richtig gemacht, mich anzurufen.)	**Vous avez bien fait de m'appeler.**
Es war richtig, dass du weggefahren bist.	Tu as bien fait de partir.
Es ist unglaublich, was man damit machen kann.	C'est incroyable ce qu'on peut faire avec ça.

***was** (Objekt)*	
qu'est-ce que? *(am Satzanfang)*	**ce que** *(in der Satzmitte)*
Was ist das?	Qu'est-ce que c'est?
Ich weiß nicht, was das ist.	Je ne sais pas **ce que** c'est.
Was kann man damit machen?	Qu'est-ce qu'on peut faire avec ça?
Es ist toll, was man damit machen kann.	C'est formidable **ce qu'**on peut faire avec ça.

Gratulation!

Ich gratuliere.	**Félicitations!**
Ich gratuliere zu Ihrem Baby.	**Félicitations pour** votre bébé.
Gratulation zu Ihrer ausgezeichneten Idee.	Félicitations pour votre excellente idée.

Herzlichen Glückwunsch zu deinem Baby.	**Toutes mes félicitations pour** ton bébé.
Ich hoffe, es geht dir gut und dem Baby auch.	J'espère que tu vas bien et le bébé aussi. *(espérer)*
Herzlichen Glückwunsch zu Ihrem Examen.	Toutes mes félicitations pour votre examen.
Ich gratuliere Ihnen zu Ihrem Erfolg.	**Je vous félicite pour** votre succès.
Herzlichen Glückwunsch zum Geburtstag.	**Bon anniversaire!**
Ich wünsche dir einen schönen Geburtstag.	Je te souhaite un bon anniversaire.

Wie gefällt Ihnen das?

Wie gefällt Ihnen das?	**Ça vous plaît?**
– *Das gefällt mir sehr gut.*	– Ça me plaît beaucoup.
Wie gefällt Ihnen diese Musik?	**Ça vous plaît, cette musique?**
Mögen Sie diese Musik?	Vous aimez cette musique?
– ***Ja, sehr.***	– **Oui, beaucoup.**
– ***Och, nicht besonders.***	– **Pas tellement.**
Ich mag diese Musik sehr.	J'aime beaucoup cette musique.
Ich mag diese Musik nicht besonders.	Je n'aime pas beaucoup cette musique.
Wie finden Sie den Film?	**Comment vous trouvez ce fim?**
– *Ich finde ihn lustig.*	– Je le trouve marrant.

Sie müssen sich / Du musst dir den Film unbedingt ansehen.	**Il faut absolument** *(adv.)* **aller voir ce film.**
(in einen Film gehen)	*(aller voir un film)*

Dieses Spiel ist super.	Il est super, ce jeu.
Dieser Wein ist ausgezeichnet.	Il est excellent, ce vin.
Das gefällt mir sehr, was Sie machen.	Ça me plaît beaucoup ce que vous faites.
Sie müssen *dieses Buch* **unbedingt** *lesen.*	**Vous devez absolument** *(adv.)* lire ce livre. *(devoir)*
Es wird Ihnen sehr gefallen.	**Il va vous plaire beaucoup.**
Wie hat Ihnen das Konzert gefallen? – Es hat mir gut gefallen.	Alors, **ça vous a plu**, le concert? **– Il m'a beaucoup plu.**

Das ist sehr interessant

Das ist (sehr) interessant.	**C'est (très) intéressant.**
Ich finde das sehr interessant.	Je trouve ça très intéressant.
Das interessiert mich sehr.	**Ça m'intéresse beaucoup.**
Ich zeige Ihnen das, **wenn** *(= falls)* **Sie das interessiert.**	Je vais vous montrer ça **si ça vous intéresse.**
Das Fernsehen, das interessiert mich nicht besonders.	Moi, la télé, ça ne m'intéresse pas tellement.
Das würde mich sehr interessieren.	**Ça m'intéresserait beaucoup.**
Ah, Sie lesen ein Buch über Archäologie.	Ah, vous lisez un livre sur l'archéologie. *(lire)*
Sie interessieren sich für *Archäologie? Ich auch.*	**Vous vous intéressez à** l'archéologie? Moi aussi.
Ich interessiere mich für Sport.	Je m'intéresse au sport.

dire:	**je dis**	**tu dis**	il/elle dit	*p.c.:* j'ai **dit**
(sagen)	nous disons	**vous dites**	ils/elles disent	
lire:	**je lis**	**tu lis**	il/elle lit	*p.c.:* j'ai **lu**
(lesen)	nous lisons	**vous lisez**	ils/elles lisent	

s'intéresser:	**je m'**intéresse	**il s'**intéresse
(sich interessieren)	**tu t'**intéresses	**elle s'**intéresse
	vous vous intéressez	

Verneinung	
Das gefällt mir nicht.	Ça ne me plaît pas.
Gefällt Ihnen dieser Film nicht?	Ça ne vous plait pas, ce film?
Das interessiert mich nicht.	Ça ne m'intéresse pas.
Interessiert Sie das nicht,	Ça ne vous intéresse pas
Geld zu verdienen?	de gagner de l'argent?

Ich würde gern ...

Ich möchte *Ihnen etwas sagen.*	**Je voudrais** vous dire quelque chose.
Ich möchte gern *ein Praktikum in Frankreich machen.*	**Je voudrais bien** faire un stage en France.
Ich würde gern *ins Kino gehen.*	**J'aimerais bien** aller au cinéma.
Ich würde lieber *mit dem Auto fahren.*	Moi, **j'aimerais mieux** prendre la voiture.
Wir gehen am besten zu Fuß. *(= Das Beste ist, zu ... gehen.)*	**Le mieux, c'est d'y aller à pied.**

prendre:	**je prends** **tu prends** il/elle prend		*p.c.:* j'ai **pris**
(nehmen)	nous prenons **vous prenez** ils prennent		

fahren *(+ Verkehrsmittel)*

- *(mit Zielangabe:)*

  aller en ville **en bus / en taxi / en vélo**
  mit dem Bus/Taxi/Fahrrad in die Stadt fahren

  aller au travail **en voiture / en train**
  mit dem Auto/Zug zur Arbeit fahren

- *(ohne Zielangabe:)*

  prendre le bus / la voiture / le train / le taxi / le vélo
  mit dem Bus/Auto/Zug/Taxi/Rad fahren

lieber / am liebsten

Ich würde lieber ins Kino gehen.	**Je préférerais / J'aimerais mieux** aller au cinéma.
Ich würde am liebsten zu Hause bleiben.	**Je préférerais / J'aimerais mieux** rester à la maison.

besser / am besten

Es ist besser, wir nehmen den Bus.   **Il vaut mieux** prendre le bus.
Wir gehen besser zu Fuß dahin.   **Il vaut mieux** y aller à pied.

*Das Beste ist, du rufst ihn/sie
  mal an.*   **Le mieux, c'est de** lui téléphoner.
Sie rufen am besten ein Taxi.   **Le mieux, c'est d'**appeler un taxi.

Ich würde mich freuen ...

Es wäre schön, wenn (= falls)
  du auch kommen könntest.   **Ce serait** *(être: cond.)* **bien si**
  tu pouvais *(impf.)* venir, toi aussi.

Das würde mich freuen.   **Ça me ferait** *(faire: cond.)* **plaisir.**

Es würde mich freuen,
  Sie wiederzusehen.   Ça me ferait plaisir
  de vous revoir.

Ich würde mich freuen, wenn
  (= falls) *du uns in den Ferien*
  besuchen würdest. *(jdn besuchen)*   **Je serais heureux/heureuse**
  si tu venais *(impf.)* **nous voir**
  en vacances. *(venir voir qn)*

Es wäre toll, wenn du mir
  das Buch schicken könntest.   **Ce serait formidable si**
  tu pouvais m'envoyer
  ce livre.

Was soll ich bloß machen?

Was soll ich bloß machen?   **Quoi faire alors?**

Ich weiß nicht, was ich tun soll.   Je ne sais pas quoi faire.

Können Sie mir einen Rat geben?   Vous pouvez me donner un conseil?

Ich bin nicht sicher, ob das geht.   **Je ne suis pas sûr/e si ça marche.**

Ich an Ihrer Stelle würde sofort
  einen Arzt rufen.
  Das ist sicherer.   **Moi, à votre place, j'appellerais**
  (cond.) tout de suite **un médecin.**
  C'est plus sûr.

Ich würde eine E-Mail schreiben.   Moi, j'écrirais *(cond.)* un e-mail.

Wenn (= Falls) ich Ihnen einen
  Rat geben darf: Machen Sie
  das nicht.   Si je peux vous donner un conseil:
  Ne faites pas ça.

Schicken Sie lieber eine E-Mail.   **Envoyez plutôt un e-mail.**

Adverb:	totale**ment**	pratique**ment**
	complète**ment**	absolu**ment**

écrire:	**j'écris**	**tu écris**	il/elle écrit	*p.c.:* j'ai **écrit**
(schreiben)	nous écrivons	**vous écrivez**	ils écrivent	

conditionnel:

ich **würde** schreiben:	j'écri**rais**	ich würde sagen:	je di**rais**
ich **würde** lesen:	je li**rais**	ich würde machen:	je **ferais**

Ich mache mir Sorgen

***Ich mache mir Sorgen um** meinen Sohn.*	**Je me fais du souci pour** mon fils.
Er hat seinen Arbeitsplatz verloren.	**Il a perdu son emploi.** *(perdre)*
Er ist** seit einem Jahr **arbeitslos.	**Il est au chômage** depuis un an.
Und außerdem hat er einen schweren Autounfall gehabt.	Et puis, il a eu un grave accident de voiture.
*– **Oh, das tut mir Leid.***	– **Je suis désolé/e.**
– Das tut mir wirklich Leid.	– Je suis vraiment désolé/e.
Er verdient kein Geld.	Il ne gagne pas d'argent.
*– **Das ist schade.***	– **C'est dommage.**
Wie soll das bloß weitergehen?	Comment ça va continuer alors?
*– **Das wird schon alles gut gehen.***	– **Ça va s'arranger.**
Ich bin sicher, dass er bald eine neue Arbeitsstelle findet.	Je suis sûr/e qu'il va bientôt trouver un nouvel emploi.
Ich bin sicher, dass das klappt.	Je suis sûr/e que ça va marcher.
Normalerweise müsste das möglich sein.	**Normalement** *(adv.)*, **ça devrait** *(cond.)* **être possible.** *(devoir)*

pas de / beaucoup de	
Es ist leicht, im Internet Geld zu verdienen.	Il est facile de gagner **de l'argent** sur Internet.
*Er/Sie verdient **kein** Geld.*	Il/Elle ne gagne **pas d'**argent.
*Er/Sie verdient **viel** Geld.*	Il/Elle gagne **beaucoup d'**argent.

Das regt mich auf!

Das regt mich auf!	**Ça m'énerve.**
Ist das ein Lärm! **Das ist ja furchtbar!**	Quel bruit! **C'est terrible.**
Das kann man nicht aushalten!	**C'est insupportable.**
Das ist unmöglich, was sie macht.	C'est impossible ce qu'elle fait.
Er kann nicht machen, was er will.	Il ne peut pas faire ce qu'il veut.
Ich bin total geschockt.	Je suis totalement *(adv.)* choqué/e.
So kann das nicht weitergehen.	Ça ne peut pas continuer comme ça.
Das muss sich ändern.	Ça doit changer. *(devoir)*

Ich glaube nicht, dass sich das ändert.	Je ne crois pas que ça change.
Da kann man nichts machen.	**Là, on ne peut rien faire.**
Das ist halt so.	**C'est comme ça.**
Das sind Dinge, die muss man akzeptieren.	Ce sont des choses qu'il faut accepter.
Er kann machen, was er will. Das interessiert mich nicht.	Il peut faire ce qu'il veut. Ça ne m'intéresse pas.
Das ist mir egal, *was sie von mir denkt.*	**Ça m'est égal** ce qu'elle pense de moi.
Das ist mir völlig egal.	Ça m'est complètement *(adv.)* égal.

croire:	**je crois**	**tu crois**	il/elle croit	*p.c.:* j'ai **cru**
(glauben)	nous croyons	**vous croyez**	ils croient	

1.4 Gedankenaustausch

Ich meine ...

Ich finde, das ist gut gemacht. **– Das finde ich auch.**	Je trouve que c'est bien fait. **– Moi, je trouve aussi.**
Das ist ein schönes Foto. Finden Sie nicht? **– Ja, das stimmt.**	C'est une belle photo. Vous ne trouvez pas? **– Oui, c'est vrai.**

Das ist schnell gemacht.
  Da bin ich sicher.
– **Das kann gut sein.**

C'est vite fait.
  J'en suis sûr/e.
– **C'est bien possible.**

Im Prinzip müsste das möglich sein.

En principe, ça devrait être possible.

Das glaube ich nicht.

Ça, je ne crois pas.

Ich glaube nicht, dass das
  stimmt.

Je ne crois pas que
  ce soit *(être: subj.)* vrai.

Ich glaube nicht, dass das geht.

Je ne crois pas que ce soit possible.

Was meinen Sie dazu?

Qu'en pensez-vous?

Ich meine, *es ist zu spät,*
  um anzufangen.

Je pense qu'il est trop tard
  pour commencer.

Ich bin dafür.

Je suis pour.

Ich bin dagegen.

Je suis contre.

Ich bin der Meinung, *wir sollten*
  etwas anderes machen.

Je suis d'avis qu'on devrait
  faire autre chose.

Ich persönlich, *ich würde*
  das nicht tun.

Moi, personnellement,
  je ne ferais pas ça.

Wenn (= Falls) Sie mich fragen:
  es ist Zeit, eine Lösung
  zu finden.

Si vous voulez mon avis:
  il est temps de trouver
  une solution.

Ich würde sagen, das ist eine
  Frage der Organisation.

Moi, je dirais que c'est une
  question d'organisation.

Da haben Sie Recht.

Là, vous avez raison.

Da stimme ich Ihnen völlig zu.

Là, je suis absolument *(adv.)*
  d'accord avec vous.

Ich würde auch sagen, dass
  das eine gute Lösung ist.

Moi, je dirais aussi que c'est
  une bonne solution.

---

subjonctif

Je ne crois pas …	*Ich glaube nicht, …*
… qu'il **vienne.** *(venir)*	*… dass er kommt.*
… qu'elle **fasse** tout. *(faire)*	*… dass sie alles macht.*
… qu'il **ait** un portable. *(avoir)*	*… dass er ein Handy hat.*
… qu'elle **soit** là. *(être)*	*… dass sie da ist.*
… qu'on **puisse** faire cela. *(pouvoir)*	*… dass man das machen kann.*

Da bin ich anderer Ansicht

Da bin ich anderer Ansicht.

Là, **je suis d'un autre avis.**

Da kann ich Ihnen nicht zustimmen.

Là, **je ne suis pas d'accord avec vous.**

Ich finde, er/sie hat sich richtig/falsch verhalten.
– **Ich weiß nicht.**

Je trouve qu'il/elle s'est bien/mal comporté/e.
– **Je ne sais pas.**

Ich weiß nicht, ob das eine gute Idee ist.

Je ne sais pas si c'est une bonne idée.

Ich würde nicht sagen, dass das unmöglich ist.

Je ne dirais pas que c'est impossible.

Ich meine/denke eher, *das ist eine normale Reaktion.*

Je pense plutôt que c'est une réaction normale.

Man darf nicht vergessen, dass das nicht so einfach ist.

Il ne faut pas oublier que ce n'est pas si simple.

Ich verstehe das nicht richtig

Ich frage mich, warum *er/sie das nicht gemacht hat.*

Je me demande pourqoi il/elle n'a pas fait ça.

Das verstehe ich nicht.

Ça, je ne comprends pas.

Vielleicht hat er/sie seine/ ihre Meinung geändert.

Peut-être qu'il/elle a changé d'avis.

Ich verstehe nicht, was das bedeuten soll.

Je ne comprends pas ce que ça veut dire.

Können Sie mir das genauer erklären?

Vous pouvez m'expliquer ça plus en détail?

Wie meinen Sie das? / Was meinen Sie damit?

Qu'est-ce que vous voulez dire par là?

Ich will es Ihnen erklären

Ich will sagen, dass wir nicht viel Zeit haben.

Je veux dire que nous n'avons pas beaucoup de temps.

Das heißt, dass *wir uns beeilen müssen.*

Ça veut dire que nous devons nous dépêcher. *(devoir)*

Das heißt nicht, dass
ich dagegen bin.

Ça ne veut pas dire que
je suis contre.

Das hat nichts mit *meiner Arbeit*
zu tun.

Ça n'a rien à voir avec
mon travail.

Das ist dasselbe.

C'est la même chose.

Das ist nicht dasselbe.

Ce n'est pas la même chose.

Das ist etwas anderes.

C'est autre chose.

Das kann man nicht vergleichen.

On ne peut pas comparer ça.

Meiner Meinung nach ist das sinnlos.

A mon avis, **ça ne sert à rien.**

Das hat keinen Zweck, dass
wir darüber diskutieren.

Ça ne sert à rien de discuter.

Sich informieren

Ich habe gehört (= *Man hat mir*
gesagt ...), Sie hatten einen
Unfall.

On m'a dit que vous aviez eu
(avoir: plqpf.) un accident.

Ich habe gehört, Sie waren
krank.
Wie geht es Ihnen?

On m'a dit que vous aviez été
(être: plqpf.) malade.
Comment allez-vous?

Ich habe gehört, Sie seien
vom Pferd gestürzt.

On m'a dit que vous étiez tombé/e
(tomber: plqpf.) de cheval.

Woher wissen Sie das?
(= Wer hat Ihnen das gesagt?)

Qui vous a dit ça?

Das hat mir Ihr Sohn gesagt.

C'est votre fils qui m'a dit ça.

Hier soll es ein sehr gutes
Restaurant geben.

On dit qu'il y a ici un
très bon restaurant.

Ich habe gelesen, dass es Probleme
mit diesem Handy gibt.

J'ai lu qu'il y avait *(impf.)* des
problèmes avec ce portable. *(lire)*

Ich weiß nicht, ob diese
Information stimmt.

Je ne sais pas si cette information
est vraie.

Ich bin mir da nicht ganz sicher.

Je n'en suis pas sûr/e.

Ich habe das im Netz / im
Internet gefunden.

J'ai trouvé ça sur le Net [nɛt] /
sur Internet [ɛ̃tɛʀnɛt].

Ich habe diese Information auf der Website von LR gefunden.
J'ai trouvé cette information sur le site de LR.

Ich weiß nicht, ob Sie damit etwas anfangen können. (nützlich)
Je ne sais pas si ça peut vous être utile. *(utile)*

Ich habe das im Radio / im Fernsehen gehört.
J'ai entendu ça à la radio / à la télé. *(entendre)*

Ich habe das in der Zeitung gelesen.
J'ai lu ça dans le journal. *(lire)*

Ich weiß nicht, ob Sie das kennen.
Je ne sais pas si vous connaissez ça. *(connaître)*

---

hören

écouter *(bewusstes Hinhören, Zuhören)*

Ich höre gern Musik.
J'aime **écouter** de la musique.

Er/Sie hört mir nie zu.
Il/Elle ne m'**écoute** jamais.

entendre *(zufälliges Hören, Wahrnehmen)*

Ich habe nichts gehört.
Je n'ai rien **entendu.**

Er/Sie hört nicht gut.
Il/Elle n'**entend** pas bien.

On m'a dit que ... *(= Ich habe gehört, dass ...)*

Ich habe gehört, Sie waren krank.
On m'a dit que vous aviez été *(être: plqpf.)* malade.

Von wem haben Sie das gehört?
Qui vous a dit ça?

Woher weißt du das?
Qui t'a dit ça?

Ich würde vorschlagen ...

Ich schlage vor, *wir machen eine kleine Pause.*
Je propose de faire une petite pause.

Was schlagen Sie vor?
Qu'est-ce que vous proposez?

Ich mache Ihnen einen Vorschlag.
Je vous fais une proposition.

Wir könnten zuerst *ins Kino gehen.*
On pourrait d'abord aller au cinéma.

Es wäre gut, wenn wir *um 15 Uhr losfahren würden.*
Ce serait bien *(être: cond.)* **de** partir à trois heures.

Es wäre besser, wenn wir *noch etwas warten.*
Ce serait mieux d'attendre un peu.

Das Beste wäre, wenn wir *den Bus nehmen.*
Le mieux, ce serait de prendre le bus.

2

Alltag und Umfeld

2.1 Familie und Zusammenleben

Wie alt bist du?

Wie alt bist du?	**Quel âge as-tu**?
Ich bin (= habe) 18 (Jahre alt).	**J'ai dix-huit ans.**
Ich werde in einem Monat 19.	Je vais avoir dix-neuf ans dans un mois.

Wann hast du Geburtstag?	**C'est quand, ton anniversaire?**
Ich habe am 5. März Geburtstag.	**Mon anniversaire, c'est le** 5 mars.
Ich habe im März Geburtstag.	**Mon anniversaire, c'est en mars.**
Weißt du schon, wann du deinen Geburtstag feierst?	Tu sais déjà quand tu vas **fêter ton anniversaire?**
Ich kann leider zu deinem Geburtstag nicht kommen.	Malheureusement, je ne peux pas **venir à ton anniversaire.**

Meine Eltern haben mir ein Handy zum Geburtstag geschenkt.	Mes parents **m'ont offert** un portable **pour mon anniversaire.** *(offrir)*
Vielen Dank für dein Paket mit dem Geschenk.	Merci beaucoup pour le paquet avec ton cadeau.
Ich habe es schon geöffnet.	Je l'ai déjà ouvert. *(ouvrir)*
Ich habe mich sehr darüber gefreut.	**Ça m'a fait très plaisir.**

Wann bist du geboren? *– 1992.*	**Quand est-ce que tu es né/e?** – En 1992. (= En mil neuf cent quatre-vingt-douze.)
Ich bin am 11. April geboren.	Je suis né/e le onze avril.

Monate

Mon anniveraire, c'est …

… en janvier.	… en juillet.
… en février.	… en août [ut] / au mois d'août.
… en mars / au mois de mars.	… en septembre.
… en avril / au mois d'avril.	… en octobre.
… en mai / au mois de mai.	… en novembre.
… en juin / au mois de juin.	… en décembre.

ouvrir:	j'ouvre	**tu ouvres**	il ouvre	*p.c.:* j'ai **ouvert**
(öffnen)	nous ouvrons	**vous ouvrez**	ils ouvrent	
offrir:	j'offre	**tu offres**	il offre	*p.c.:* j'ai **offert**
(schenken)	nous offrons	**vous offrez**	ils offrent	

Hast du Geschwister?

*Hast du **Geschwister**?*	Tu as **des frères et sœurs**?
Ich habe einen Bruder und zwei Schwestern.	J'ai un frère et deux sœurs.
Wie alt ist dein Bruder? ***– Er ist 14 Jahre alt.***	**Quel âge a ton frère**? **– Il a quatorze ans.**
Wie alt sind deine Schwestern?	Quel âge ont tes sœurs?
Was macht dein Bruder?	Que fait ton frère?
Geht er noch zur Schule?	Il va encore à l'école?
***Er macht eine Lehre als** Mechaniker.*	**Il fait un apprentissage de** mécanicien.

---

*Meine Schwester **studiert in Berlin**.*	Ma sœur **étudie à Berlin**. *(étudier)*
*Meine andere Schwester **ist von zu Hause ausgezogen**. (verlassen)*	Mon autre sœur **a quitté le domicile familial**. *(quitter)*
Sie lebt bei ihrem Freund.	**Elle vit avec son ami.** *(vivre)*
Sie macht eine Ausbildung als Krankenschwester.	Elle fait une formation d'infirmière.
*Sie träumt davon, **Ärztin** zu **werden**.*	Elle rêve de **devenir médecin.**

vivre:	**je vis**	**tu vis**	il/elle vit	*p.c.:* j'ai **vécu**
(leben)	nous vivons	**vous vivez**	ils vivent	

Familie und Verwandtschaft

meine Familie	ma famille	*mein Mann*	mon mari
mein Vater	mon père	*meine Frau*	ma femme
meine Mutter	ma mère	*meine Kinder*	mes enfants
meine Eltern	mes parents	*mein Sohn*	mon fils
mein Bruder	mon frère	*meine Tochter*	ma fille
meine Schwester	ma sœur		
mein Opa	mon grand-père	*mein Onlel*	mon oncle
meine Oma	ma grand-mère	*meine Tante*	ma tante
meine Großeltern	mes grands-parents	*mein Cousin*	mon cousin
		meine Cousine	ma cousine

Mein Vater / Meine Mutter ist sehr streng

*Mein Vater / Meine Mutter **ist sehr streng**.*

Mon père / Ma mère **est très strict/e.**

Er/Sie ist strenger als meine Mutter / als mein Vater.

Il/Elle est plus strict/e que ma mère / que mon père.

Er/Sie will alles kontrollieren.

Il/Elle veut tout contrôler.

Er/Sie kritisiert alles.

Il/Elle critique tout.

***Ich streite mich oft mit** meinem Vater.*

Je me dispute souvent avec mon père. *(se disputer)*

***Es gibt oft Streit** in der Familie.*

Il y a souvent des disputes en famille.

---

*Wenn ich mit meinen Freunden ausgehen will, **habe ich Stress**.*

Quand je veux sortir avec mes amis, **j'ai des ennuis.**

Meine Mutter ist dafür, mein Vater ist dagegen.

Ma mère est pour, mon père est contre.

***Ich muss** um 22 Uhr **zu Hause sein**.*

Il faut que je rentre à vingt-deux heures.

***Er/Sie wird wütend**, wenn ich zu spät nach Hause komme.*

Il/Elle devient furieux/furieuse quand je rentre trop tard. *(devenir)*

Er/Sie will nicht, dass ich meine (feste) Freundin mit nach Hause bringe.

Il/Elle ne veut pas que je ramène ma petite amie à la maison. *(ramener son ami/e)*

Ich darf mir nicht die Kleidung kaufen, die ich will.	Je ne peux pas m'acheter les vêtements que je veux.
Ich rege mich auf, *weil er/sie mir alles verbieten will.*	**Je m'énerve** parce qu'il veut tout m'interdire. *(s'énerver)*

Mein Vater / Meine Mutter versteht mich

Ich verstehe mich sehr gut mit *meinem Vater / mit meiner Mutter.*	**Je m'entends très bien avec** mon père / avec ma mère.
Er/Sie ist sehr tolerant.	Il/Elle est très tolérant/e.
Ich kann mit ihm / mit ihr über *alle meine Probleme* **sprechen.**	**Je peux lui parler de** tous mes problèmes.
Er/Sie versteht mich.	Il/Elle me comprend. *(comprendre)*
Er/Sie gibt mir immer gute Ratschläge.	Il/Elle me donne toujours de bons conseils.
Er/Sie ist immer für mich da.	**Il/Elle est toujours là pour moi.**
Wir machen vieles gemeinsam.	Nous faisons beaucoup de choses ensemble.
Er/Sie lässt mich machen, was ich will.	**Il/Elle me laisse faire ce que je veux.**
Ich gehe oft abends aus.	**Je sors souvent le soir.** *(sortir)*
Ich habe einen festen Freund. Er ist Student.	J'ai un petit ami. Il est étudiant.
Mein Vater / Meine Mutter mag ihn sehr.	Mon père / Ma mère l'aime beaucoup.

sortir:	**je sors**	**tu sors**	il/elle sort	*p.c.:* **je suis sorti/e**
(ausgehen)	nous sortons	**vous sortez**	ils sortent	

Ich bin nicht gern zu Hause

Ich bin nicht gern zu Hause.	**Je ne suis pas bien chez moi.**
Meine Eltern sind geschieden.	Mes parents sont divorcés.
Meine Mutter hat einen neuen Partner.	Ma mère a un nouveau partenaire.
Mein Vater **ist mit** *seiner zweiten Frau* **verheiratet.**	Mon père **est marié avec** sa deuxième femme.

Ich lebe bei meiner Mutter.	**Je vis avec ma mère.** *(vivre)*

*Ich mag den Partner meiner
 Mutter nicht besonders.*

Je n'aime pas beaucoup
 le partenaire de ma mère.

**Ich habe wenig Kontakt
 zu meinem Vater.**

**J'ai peu de contact avec
 mon père.**

*Meine Mutter verbietet mir
 jeden Kontakt mit ihm.*

Ma mère m'interdit tout contact
 avec lui. *(interdire)*

Sie verbietet mir, *meinen Vater
 zu besuchen.* *(besuchen = sehen)*

Elle m'interdit de voir
 mon père. *(voir)*

Ich gehe *am Wochenende oft
 zu meinen Großeltern.*

Le week-end, **je vais** souvent
 chez mes grands-parents.

Meine Oma ist sehr nett.

Ma grand-mère est très gentille.

Mein anderer Opa **ist vor 2 Jahren**
 gestorben.

Mon autre grand-père **est mort**
 il y a deux ans.

2.2 Beruf und Familie

Ich bin berufstätig

Ich bin berufstätig.

Je suis active. *(actif/active)*

Ich mag den Kontakt mit Menschen.

J'aime le contact avec les gens.

Ich arbeite vollzeit.

Je travaille à plein temps.

*Ich habe nur wenig Zeit
 für meine Familie.*

J'ai seulement peu de temps
 pour ma famille.

Ich bin gezwungen zu arbeiten.

Je suis obligée de travailler.

*Ich habe ein Kindermädchen,
 das ins Haus kommt.*

J'ai une nourrice qui vient
 à la maison.

Es passt auf mein Baby auf.

Elle garde mon bébé.

Man braucht Geld, *um ein
 Kindermädchen zu bezahlen.*

Il faut de l'argent pour payer
 une nourrice.

*Das Einkommen von meinem
 Mann reicht da nicht aus.*

Le salaire de mon mari
 ne suffit pas.

Ich komme um halb sechs nach Hause. Je rentre à cinq heures et demie.

*Da habe ich keine Zeit, um den
  Haushalt zu machen.*

Je n'ai pas le temps
  pour faire le ménage.

*Ich habe eine Dame, die **mir**
  im Haushalt hilft.*

J'ai une dame qui **m'aide à
  faire le ménage**.

***Ich muss mich um** meine
  zwei Kinder **kümmern**.*
  (sich kümmern um)

Je dois m'occuper de mes
  deux enfants.
  (s'occuper de)

Ich habe ein stressiges Leben.

J'ai une vie stressante.

*Manchmal habe ich ein
  schlechtes Gewissen.*

Quelquefois, j'ai mauvaise
  conscience.

Ich bin Hausfrau (und Mutter)

*Zurzeit **bin ich Hausfrau
  (und Mutter)**.*

Actuellement, **je suis
  mère au foyer**.

Ich habe 5 Jahre lang gearbeitet.

J'ai travaillé pendant cinq ans.

*Als unser Kind gekommen ist,
  bin ich zu Hause geblieben.*

Quand notre enfant est arrivé,
  je suis restée à la maison.

*Dann **habe ich mit dem
  Arbeiten aufgehört**.*

Alors, **j'ai arrêté de travailler**.
  (arrêter de travailler)

---

*Es ist nicht leicht, **mit einem
  Baby arbeiten zu gehen**.*

Il n'est pas facile d'**aller
  travailler avec un bébé**.

*Mein Mann **verdient nicht viel**.*

Mon mari **ne gagne pas
  beaucoup d'argent**.

*Es ist schwer, mit einem einzigen
  Verdienst zurechtzukommen.*

Il est difficile de se débrouiller
  avec un seul salaire.

*Als mein Kind 9 Monate alt war,
  **habe ich wieder angefangen
  zu arbeiten**.*

Quand mon enfant a eu neuf mois,
  j'ai recommencé à travailler.

Ich will mein eigenes Geld verdienen.

Je veux gagner mon propre argent.

*Ich will nicht von meinem Mann
  abhängig sein.*

Je ne veux pas être dépendante
  de mon mari.

Ich will nicht nur Hausfrau sein.

Je ne veux pas être seulement
  femme au foyer.

Ich bin Alleinerziehende

Ich habe 3 Kinder.   J'ai trois enfants.

***Mein jüngstes Kind** geht in die*   **Mon plus jeune enfant**
Kindertagesstätte.   va à la crèche.

***Meine 4-jährige Tochter** geht*   **Ma fille de quatre ans**
in den Kindergarten.   va au jardin d'enfants.

Mein drittes Kind ist schon groß.   Mon troisième enfant est déjà grand.

Ich habe es mit 16 Jahren bekommen. Je l'ai eu à seize ans.

Es lebt nicht mehr bei mir.   Il ne vit plus chez moi. *(vivre)*

Ich bin Alleinerziehende.   Je suis parent isolé.

Es ist nicht einfach, ein Kind   Il n'est pas facile d'élever
allein aufzuziehen.   un enfant seul.

Ich würde gern zu Hause bleiben,   **J'aimerais bien rester à la maison**
um meine zwei Kinder aufzuziehen. pour élever mes deux enfants.

*Aber **finanziell ist das nicht***   Mais **financièrement** *(adv.)*,
möglich.   **ce n'est pas possible.**

Mein Ex-Mann zahlt nichts.   Mon ex ne paie rien. *(payer)*

Ich lebe von der Sozialhilfe.   **Je vis de l'aide sociale.** *(vivre)*

Ich habe nicht genug Geld   **Je n'ai pas assez d'argent**
zum Leben.   pour vivre.

Ich arbeite Teilzeit.   **Je travaille à temps partiel.**

Ich arbeite nur vormittags.   **Je ne travaille que le matin.**
(nur)   *(ne … que)*

Ich habe einen kleinen Job   J'ai un petit job dans un
in einem Supermarkt.   supermarché.

Ich bin alleinerziehender Vater

Ich lebe** seit zwei Jahren **allein   Depuis deux ans, **je vis seul avec**
***mit** meiner Tochter.*   ma fille. *(vivre)*

Meine Frau hat mich verlassen.   **Ma femme m'a quitté.**

Ich verstehe mich sehr gut   **Je m'entends très bien**
***mit** meiner Tochter.*   **avec** ma fille.

Am Anfang war es nicht so einfach. — Au début, ce n'était pas facile.

Ich bin (nämlich) **voll berufstätig.** — Car, **je travaille à plein temps.**

Jetzt läuft es ganz gut. — **Maintenant, ça marche très bien.**

*Morgens **bringe ich meine Tochter zur Schule** / in den Kindergarten.* — Le matin, **j'amène ma fille à l'école** / au jardin d'enfants. (amener)

*Nach meiner Arbeit **hole ich sie** mit dem Auto **wieder ab.** (jdn abholen (gehen)) (jdn abholen (kommen))* — Après mon travail, **je vais la chercher** en voiture. (aller chercher qn) (venir chercher qn)

Mein Chef ist sehr verständnisvoll. — Mon patron me comprend bien. (comprendre)

Ich kann meine Arbeitszeit einteilen, wie ich will. — Je peux organiser mes heures de travail comme je veux.

Das ist sehr praktisch. — **C'est très pratique.**

Finanziell komme ich über die Runden. — **Financièrement** (adv.)**, je me débrouille.**

Ich bekomme Kindergeld. — **Je touche mes allocations familiales.**

Das ist nicht viel. — Ce n'est pas beaucoup d'argent.

*Meine Frau **zahlt keinen Unterhalt** für meine Tochter.* — Ma femme **ne paie pas de pension alimentaire** pour ma fille. (payer)

Sie arbeitet nicht. — Elle ne travaille pas.

Meine Tochter ist zwei Mal in der Woche bei ihrer Mutter. — Ma fille va deux fois par semaine chez sa mère.

*Bis jetzt **gibt es keinen Streit.*** — Jusqu'à maintenant, **il n'y a pas de dispute.**

Ich hoffe, es bleibt so. — **J'espère que ça restera** (fut.) **comme ça.** (espérer)

Mit dem Haushalt gibt es keine Probleme. — **Pour le ménage, il n'y a pas de problèmes.**

Zum Glück habe ich meine Mutter, *die mir hilft.* — **Heureusement que j'ai ma mère** pour m'aider.

*Sie kauft ein und **macht das Essen.*** — Elle fait les courses et **prépare les repas.**

Ich habe Erziehungsurlaub genommen

Ich habe vor zwei Jahren
Erziehungsurlaub genommen.

J'ai pris un congé parental
il y a deux ans. *(prendre)*

Das war nach der Geburt unseres
zweiten Kindes.

C'était après la naissance de notre
deuxième enfant.

Meine Frau wollte nach dem Mutter-
schutz wieder arbeiten gehen.

Ma femme a voulu retravailler
après son congé maternité.

Meine Frau und ich haben den
Erziehungsurlaub aufgeteilt.

Ma femme et moi avons partagé
le congé parental.

**Ich bin für ein Jahr zu Hause
geblieben.**

**Je suis resté chez moi
pendant un an.**

Ich wollte für meine Kinder da sein.

Je voulais être là pour mes enfants.

Danach konnte ich wieder an meinen
alten Arbeitsplatz zurückkehren.

Après, j'ai pu retourner
à mon poste. *(pouvoir)*

Erziehungsurlaub **ist eine gute
Sache.**

Le congé parental **est une bonne
chose.**

Ich habe viele neue Erfahrungen
gemacht.

J'ai fait beaucoup de nouvelles
expériences.

Ich finde es toll, **mehr Zeit für
seine Kinder zu haben.**

Je trouve super d'**avoir plus de
temps pour ses enfants.**

Sie werden ja so schnell groß.

Ils grandissent tellement vite.
(grandir)

**Es ist nicht leicht, ein Kind
zu erziehen.**

**Il n'est pas facile d'élever
un enfant.**

**Ich habe den ganzen Haushalt
gemacht.**

J'ai fait tout le ménage.

Ich musste mich um alles kümmern.

Je devais m'occuper de tout.
(devoir)

Ich hatte wenig freie Zeit.

J'avais peu de temps libre.

Ich hatte keinen Kontakt mehr
mit der Außenwelt.

Je n'avais plus de contact
avec le monde extérieur.

*Ich verstehe den **typischen Stress einer Mutter** jetzt viel besser.*

Maintenant, je comprends bien mieux **le stress typique d'une mère de famille.**

Ich bin sehr froh, dass ich den Erziehungsurlaub genommen habe.

Je suis très content d'avoir pris le congé parental. *(prendre)*

Ich bin sensibler geworden für *meine Kinder.*

Je suis devenu plus sensible à mes enfants. *(devenir)*

2.3 Partnerschaft

Es ist schön, gemeinsame Interessen zu haben

*Es ist sehr wichtig, **gemeinsame Interessen** zu **haben.***

Il est très important d'**avoir des intérêts communs.**

Man sollte auf jeden Fall eine gemeinsame Basis haben.

On devrait en tout cas avoir une base commune. *(devoir)*

*Ich habe jemanden kennen gelernt, **der ähnlich denkt wie ich.***

J'ai connu une personne **qui pense un peu comme moi.** *(connaître)*

Wir haben dieselben Interessen.

Nous avons les mêmes intérêts.

Das macht das Zusammenleben einfacher.

Ça facilite la vie commune. *(faciliter)*

Wir sind ungefähr gleichaltrig.

Nous avons à peu près le même âge.

Ein größerer Altersunterschied würde mich auch nicht stören.

Une plus grande différence d'âge ne me dérangerait pas.

Man hat nicht immer dieselbe Meinung. *Das ist ganz klar.*

On n'a pas toujours le même avis. C'est bien vrai.

Es gibt immer mal Streit.

De temps en temps, il y a des disputes.

*Man muss versuchen, **eine gemeinsame Lösung** zu **finden.***

Il faut essayer de **trouver une solution commune.**

Man muss Verständnis füreinander haben.

Il faut se comprendre l'un l'autre.

Die Zeiten haben sich geändert

Die Zeiten haben sich geändert.
  (sich ändern)

Les temps ont changé.
  (changer)

*Heute **will** jede Frau **berufstätig sein**.*

Aujourd'hui, chaque femme **veut exercer un métier**.

*Die Frauen wollen gleichzeitig **Karriere machen** und eine Familie haben.*

Les femmes veulent à la fois **faire carrière** et avoir une famille.

Die Männer sollten sich mehr um die Familie kümmern.

Les hommes devraient s'occuper plus [plys] de leur famille. *(devoir)*

Das ist zu schaffen, wenn man will.

C'est possible, si on veut.

Ich verdiene immer noch weniger als meine männlichen Kollegen.

Moi, je gagne toujours moins que mes collègues masculins.

Ich habe die Hoffnung, dass sich dies bald ändert.

J'espère que ça changera *(fut.)* **bientôt.**

Es wird immer Unterschiede zwischen Mann und Frau geben.

Il y aura toujours des différences entre homme et femme.

Wichtig ist, dass man sich gegenseitig respektiert.

L'important, c'est qu'on se respecte l'un l'autre.

Kinder brauchen Zuwendung

Kinder brauchen Zuwendung.
  (etw. brauchen)

Les enfants ont besoin d'affection. *(avoir besoin de qc)*

Kinder brauchen ihre Eltern.

Les enfants ont besoin de leurs parents.

Es sind nicht alle Kinder gleich.

Les enfants ne sont pas tous [tus] **pareils.**

Die Mädchen sind anders als die Jungen. (= ... sind verschieden von ...)

Les filles sont différentes des garçons.

Die Mädchen sind nicht alle gleich.

Les filles ne sont pas toutes pareilles.

Ist das normal, wenn ein Mädchen Fußball spielt?

C'est normal pour une fille de jouer au football?

Mein/e Freund/in ist Türke/Türkin

Mein Freund ist Türke. /
Meine Freundin ist Türkin.

Mon ami est Turc. /
Mon amie est Turque.

Ich bin seit einem Jahr mit einem
Türken / mit einer Türkin
zusammen.

Depuis un an, je suis ensemble
avec un Turc / avec une Turque.

Am Anfang waren meine Eltern
wenig begeistert.

Au début, mes parents étaient
peu enthousiasmés.

Inzwischen finden sie meinen
Freund /meine Freundin
ganz nett.

Entre-temps, ils trouvent mon ami/e
très gentil/gentille.

Ich habe einen guten Kontakt zu
der Familie meines Freundes.

J'ai un bon contact avec la famille
de mon ami.

Ich verstehe mich gut mit
der Familie meiner Freundin.

Je m'entends bien avec la famille
de mon amie.

Die Eltern meiner Freundin **machen**
manchmal Probleme.

Les parents de mon amie **font**
parfois des ennuis.

Es gibt oft Konflikte.

Il y a souvents des conflits.

Ich glaube schon, dass wir
zusammenbleiben.

Je crois bien que nous resterons
(fut.) ensemble.

Manche werden nie erwachsen

Manche werden nie erwachsen.
(werden)

Certains ne deviennent jamais
adultes. *(devenir)*

Er/Sie verhält sich wie ein Kind.

Il/Elle se comporte comme
un enfant. *(se comporter)*

Die Erwachsenen haben nicht
immer Recht.

Les adultes n'ont pas toujours
raison.

Mit 30 ist man nicht zu alt, um
einen neuen Beruf zu
erlernen.

A trente ans, on n'est pas
trop vieux pour apprendre
un nouveau métier.

Man ist nie zu alt, um etwas
Neues zu machen.

On n'est jamais trop vieux
pour faire quelque chose
de nouveau.

2.4 Haushalt und Tagesablauf

Wir haben eine Haushaltshilfe

Wir haben eine Haushaltshilfe.	Nous avons une aide-ménagère.
Sie ist Polin.	Elle est Polonaise.
*Sie kommt **vier Mal die Woche**.*	Elle vient **quatre fois par semaine**.
*Sie kommt **jeden Morgen / jeden Nachmittag**.*	Elle vient **tous les matins / tous les après-midi**.
Sie passt auf unsere Kinder auf.	Elle garde nos enfants.
Sie kümmert sich um meine 80-jährige Mutter.	Elle s'occupe de ma mère qui a quatre-vingts ans.
Meine Mutter ist ziemlich alt.	**Ma mère est assez âgée.**

Die Haushaltshilfe saugt Staub.	L'aide-ménagère passe l'aspirateur.
Sie bügelt.	Elle fait le repassage.
Sie bereitet die Mahlzeiten zu.	**Elle prépare les repas.**
Sie macht für mich auch die Einkäufe.	Elle me fait aussi les courses.
Ich bin sehr zufrieden mit ihr.	**Je suis très contente d'elle.**

Das ist sehr praktisch für mich.	C'est très pratique pour moi.
So bin ich flexibler.	Comme ça, je suis plus flexible.
***So habe ich mehr Zeit für** meinen Mann.*	**Comme ça, j'ai plus de temps pour** mon mari.
Ich helfe ihm in seiner Firma.	Je l'aide dans son entreprise. *(une entreprise)*
Ich kümmere mich um die Büroarbeiten.	Je m'occupe des travaux de bureau. *(le travail; pl: les travaux)*

Mein Schultag ist sehr lang

Mein Schultag ist sehr lang. *(lang) (der Tag (Verlauf))*	Ma journée d'école est très longue. *(long/longue) (la journée)*
***Er beginnt um Viertel** nach sechs.*	**Elle commence à six heures et quart.**
Er endet um 20 Uhr.	Elle finit à vingt heures. *(finir)*

Wann stehst du / stehen Sie morgens auf?

A quelle heure tu te lèves / vous vous levez le matin? (*se lever*)

Gewöhnlich stehe ich um Viertel nach sechs auf.

D'habitude, je me lève à six heures et quart.

Das ist relativ früh.

C'est relativement (*adv.*) tôt.

Ich frühstücke: Cornflakes und ein Glas Milch.

Je prends mon petit déjeuner: des corn-flakes [kɔrnfleks] et un verre de lait.

Ich gehe um 7h10 aus dem Haus.

Je sors à sept heures dix. (*sortir*)

Wie kommst du zur Schule? Mit dem Bus? Zu Fuß?

Comment tu vas à l'école? En bus / En car? A pied?

Fährst du mit dem Bus? Gehst du zu Fuß (dorthin)?

Tu prends le bus / le car? Tu y vas à pied?

Wenn du aus der Schule kommst, hast du dann Freizeit?

Quand tu rentres de l'école, tu es libre?

Dann muss ich noch meine Hausaufgaben machen.

Je dois encore faire mes devoirs.

Das dauert manchmal zwei bis drei Stunden.

Quelquefois, ça prend deux à trois heures. (*prendre*)

Ich habe keine Zeit zum Fernsehen.

Je n'ai pas le temps de regarder la télé.

Ich kann mich am Abend nicht ausruhen.

Je ne peux pas me reposer le soir. (*se reposer*)

finir:	je finis	**tu finis**	il/elle finit	*p.c.:* j'ai **fini**
((be)enden)	nous finissons	**vous finissez**	ils finissent	

Uhrzeit

Wie viel Uhr ist es? **Quelle heure est-il?**

Es ist ... **Il est ...**

15h00	*drei Uhr.*	**trois heures.**
15h10	*zehn nach drei.*	trois heures dix.
15h15	*Viertel nach drei.*	trois heures et quart.
15h30	*halb vier.*	trois heures et demie.
15h45	*Viertel vor vier.*	quatre heures moins le quart.
15h50	*zehn vor vier.*	quatre heures moins dix.
12h30	*halb eins.*	midi et demi.

Wie haben Sie geschlafen?

Wie haben Sie / hast du diese
Nacht geschlafen?
– Danke, gut.

Comment avez-vous / as-tu
   dormi cette nuit? *(dormir)*
– Bien. Merci.

Haben Sie / Hast du gut
geschlafen? *(gut)*

Vous avez / Tu as bien dormi?
   (bien (Adv.)) (bon/bonne (Adj.))

Ich habe schlecht geschlafen.
   (schlecht)

J'ai mal dormi.
   (mal (Adv.)) (mauvais/e (Adj.))

In der letzten Zeit schlafe ich
ziemlich schlecht.

Ces derniers temps, je dors
assez mal.

Ich habe heute morgen verschlafen.
   (= Ich bin zu spät aufgestanden.)

Je me suis levé/e trop tard
   ce matin.

Ich bin gestern Abend zu spät
   ins Bett gegangen.

Je me suis couché/e trop tard
   hier soir. *(se coucher)*

Ich bin gegen 22 Uhr nach Hause
   gekommen.

Je suis rentré/e à la maison
   vers dix heures.

Dann **habe ich mir noch ein**
Fußballspiel im Fernsehen
angeschaut.

Puis, **j'ai regardé un match**
   de football à la télé.

Heute Abend gehe ich früher
   schlafen.

Ce soir, je vais me coucher
   plus tôt.

Ich gehe jetzt ins Bett.

Je vais me coucher maintenant.

Gute Nacht!
Schlafen Sie gut!
Schlaf gut! Bis morgen.

Bonne nuit.
Dormez bien.
Dors bien. A demain.

dormir:	**je dors**	**tu dors**	il/elle dort	*p.c.:* j'ai **dormi**
(schlafen)	nous dormons	**vous dormez**	ils dorment	

Ich habe einen stressigen Tag

Ich frühstücke nicht.
   (frühstücken)

Je ne prends pas de petit
   déjeuner. *(prendre le petit déjeuner)*

Ich habe nämlich **keine Zeit.**

C'est parce que **je n'ai pas**
   le temps.

*Und außerdem **habe ich morgens keinen Hunger**.* (Hunger haben)

Et puis, **je n'ai pas faim le matin**. (avoir faim)

Ich nehme mir etwas zu essen mit.

J'emporte quelque chose à manger.

***Ich habe 20 Minuten Fußweg** bis zum Bahnhof.*

J'ai vingt minutes à pied pour aller à la gare.

Mein Zug fährt um 5 nach 7. (abfahren, wegfahren, fortgehen)

Mon train part à sept heures cinq. (partir)

***Ich fahre eine Stunde mit dem Auto** zur Arbeit.*

J'ai une heure de voiture pour aller à mon travail.

Es gibt viele Staus.

Il y a beaucoup de bouchons.

Das macht mich sehr nervös.

Ça m'énerve beaucoup. (énerver)

---

*Mittags **esse ich in der Kantine**.*

A midi, **je mange à la cantine**.

Ich habe nur eine Stunde Zeit für das Mittagessen.

Je n'ai qu'une heure pour le déjeuner.

Ich kann zum Mittagessen nicht nach Hause fahren.

Je ne peux pas rentrer à la maison pour déjeuner.

Meine Kinder essen in der Schule zu Mittag.

Mes enfants déjeunent à l'école. (déjeuner)

Ich komme erst um Viertel vor sieben nach Hause.

Je ne rentre qu'à sept heures moins le quart.

*Dann **muss ich das Abendessen machen**.*

Puis, **je dois préparer le dîner**.

Dann mache ich mir etwas zu essen.

Puis, je me prépare quelque chose à manger.

*Wenn ich abends nach Hause komme, **bin ich kaputt**.*

Quand je rentre le soir, **je suis à plat**.

Ich bin total gestresst.

Je suis totalement (adv.) **stressé/e.**

Um mich zu entspannen, sehe ich etwas fern oder ich höre Musik.

Pour me relaxer, je regarde un peu la télé ou j'écoute de la musique. (se relaxer)

partir:	**je pars**	**tu pars**	il/elle part
(wegfahren)	nous partons	**vous partez**	ils/elles partent
	p.c.: **je suis parti/e**		

2.5 Essen und Trinken

Ich esse nicht viel

Ich esse nicht viel. — **Je ne mange pas beaucoup.**

Ich frühstücke nicht.
  (frühstücken) — Je ne prends pas de petit déjeuner.
  (prendre le petit déjeuner)

*Morgens **habe ich keinen Hnger**.* — Le matin, **je n'ai pas faim.**

*Wenn (= Falls) ich Lust habe, **mache ich mir ein Ei**. (etw. zubereiten)* — Si j'ai envie, **je me pépare un œuf** [œf].

Ich esse nicht viel Fleisch. — Je ne mange pas beaucoup de viande. *(la viande)*

*Ich esse **sehr wenig Fleisch**.* — Je mange **très peu de viande.**

Ich mag keinen Fisch. — Je n'aime pas le poisson.

Ich esse selten Fisch. — Je mange rarement du poisson.

Wir essen regelmäßig Fisch, ungefähr zwei Mal die Woche. — Nous mangeons régulièrement *(adv.)* du poisson, environ deux fois par semaine.

***Ich mag Pommes frites sehr**, besonders mit Ketchup und Mayonnaise.* — **J'aime beaucoup les frites**, surtout avec du ketchup [kɛtʃœp] et de la mayonnaise.

Ich esse nicht viel davon. — **Je n'en mange pas beaucoup.**

Das macht dick. — **Ça fait grossir.**

Ich will nicht dick werden. — Je ne veux pas grossir.

Bratkartoffeln mag ich sehr. — J'aime beaucoup les pommes de terre sautées.

Das ist schnell gemacht. — C'est vite fait.

Manchmal mache ich auch Hähnchen. — Quelquefois, je prépare aussi du poulet. *(le poulet)*

Ich gebe nicht viel Öl in den Salat. — Je ne mets pas beaucoup d'huile dans la salade. *(mettre)*

Ich koche mit Olivenöl.
  (kochen (können)) — Je cuisine à l'huile d'olive.
  (cuisiner)

Milchreis mag ich gar nicht.
  (die Milch) — Je n'aime pas trop le riz au lait.
  (le lait)

Ich esse lieber den normalen **Reis***. (lieber mögen)*	**Je préfère le riz normal.** *(préférer)*
Ich esse viel Gemüse und Obst. (Gemüse) (Obst)	Je mange beaucoup de légumes et de fruits. *(les légumes (m.)) (les fruits (m.))*
Das ist gesund *(= gut für die Gesundheit).*	**C'est bon pour la santé.**

---

mettre:	**je mets**	**tu mets**	il/elle met *p.c.:* j'ai **mis**
(hineintun)	nous mettons	**vous mettez**	ils/elles mettent

Mein Mann kann gut kochen

Mein Mann kann gut kochen.	**Mon mari cuisine bien.**
Er kocht besser als ich.	Il cuisine mieux *(adv.)* que moi.
Im Allgemeinen **kocht mein Mann** *am Abend. (= ist es mein Mann, der ...) (kochen)*	En général, **c'est mon mari qui fait la cuisine** le soir. *(faire la cuisine)*
Es ist selten, dass ich Fertiggerichte kaufe. (das Fertiggericht)	Il est rare que j'achète des plats cuisinés. *(acheter) (le plat cuisiné)*
Sie sind im Allgemeinen nicht so gut. (= sind weniger gut.)	En général, ils sont moins bons.
Die Tiefkühlprodukte sind teuer.	Les produits surgelés sont chers. *(cher/chère)*
Sie sind nicht billig.	Ils ne sont pas bon marché.
Und oft schmecken sie nicht so gut. (= sind nicht gut)	Et souvent, ils ne sont pas bons. *(bon/bonne)*

Man muss viel trinken

Man muss viel trinken, *besonders Wasser.*	**Il faut beaucoup boire,** surtout de l'eau. *(l'eau (f.))*
Ich trinke viel Wasser.	**Je bois beaucoup d'eau.**
Ich trinke zwei Liter Wasser am Tag.	Je bois deux litres d'eau par jour.
Ich habe immer Durst.	**J'ai toujours soif.**
Ich trinke kein Bier.	Je ne bois pas de bière.

Abends trinke ich ein Glas Rotwein.	Le soir, je bois un verre de vin rouge.
Ich trinke normale Cola.	Je bois du coca-cola normal. *(le coca-cola)*
Ich mag kein light.	Je n'aime pas le light [lait].
Wenn ich Cola trinke, macht mich das glücklich. *(glücklich machen)*	Quand je bois du coca-cola, ça me rend heureux. *(rendre heureux/heureuse)*
Ich mache mir einen Kaffee.	**Je me prépare un café.**
Ich mache mir eine Tasse Kaffee /Tee.	**Je me prépare une tasse de café / de thé.**

Ich trinke keinen Alkohol.	**Je ne bois pas d'alcool** [alkɔl].
Ich mag keinen Alkohol.	Je n'aime pas l'alcool.
Ich trinke keinen Alkohol mehr. *(nicht ... mehr)*	Je ne bois plus d'alcool. *(ne ... plus)*
Das ist nicht gut für die Gesundheit.	Ce n'est pas bon pour la santé.

boire:	**je bois**	**tu bois**	il/elle boit	*p.c.:* j'ai **bu**
(trinken)	nous buvons	**vous buvez**	ils/elles boivent	

Wollen Sie etwas trinken?

Wollen Sie etwas trinken? *– Ja, gerne.*	Vous voulez boire quelque chose? – Oui, avec plaisir.
Was darf ich Ihnen anbieten? *Tee, Kaffee, ein Bier?*	Qu'est-ce que je peux vous offrir? Du thé, du café, une bière?
Ich nehme ein Mineralwasser / einen Orangensaft.	**Je prends une eau minérale / un jus d'orange.** *(prendre)*
Danke, ich trinke nichts.	**Merci, je ne bois rien.**

Nehmen Sie Wein?	Vous prenez du vin? *(le vin)*
Wollen Sie noch etwas Wein? *– Ja, aber nicht viel.*	Vous voulez encore un peu de vin? – Oui, mais pas beaucoup.
Nein, danke, ich darf keinen Alkohol trinken. *Ich muss noch fahren.*	Non, merci, je ne peux pas boire d'alcool. Je dois encore conduire.

Nehmen Sie Zucker/Milch in Ihren Kaffee? (Zucker) (Milch)	Vous mettez du sucre / du lait dans votre café? *(mettre)* *(le sucre) (le lait)*

***Ich hätte gern eine Tasse
heiße Schokolade.*** — **Je voudrais une tasse de
chocolat chaud.** *(le chocolat)*

Guten Appetit!

***Guten Appetit!
– Danke gleichfalls!*** — **Bon appétit!
– Merci, à vous aussi!**

*Wie schmeckt es Ihnen?
– Sehr gut.* — C'est bon?
– Oui, très bon.

Schmeckt das Fleisch gut? — C'est bon, la viande?

***Wie machen Sie die Suppe /
die Soße?*** — **Comment vous préparez
la soupe / la sauce?**

*Das ist ein ausgezeichnetes
Rezept.* — C'est excellent comme recette.
(la recette)

***Ich mache diese Pizza seit
Jahren.*** — **Je fais cette pizza depuis
des années.** *(la pizza)*

*Das ist eine Pizza mit Tomaten-
soße, Käse, Schinken und
Champignons. (Käse) (Schinken)* — C'est une pizza avec sauce tomate,
fromage, jambon et champignons.
(le fromage) (le jambon)

Kennst du Currywurst? — Tu connais la saucisse grillée
au curry [kœri]?

Magst du Fast Food?

Magst du Fast Food? — **Tu aimes le fast-food?**

*Ich gehe oft zu Mc Donnald's
mit meinen Freunden.* — Je vais souvent chez McDo
avec mes amis.

*Das geht (= ist) schnell. Und das
ist nicht zu teuer.* — C'est rapide. Et ce n'est pas
trop cher.

*Normalerweise esse ich
einen Döner.* — Normalement *(adv.)*, je mange
un doner [dønɛr].

*Ab und zu esse ich auch
schon mal einen Hamburger.* — De temps en temps,
je mange aussi
un hamburger [ãburgœr].

*Meine Mutter sagt mir immer, ich soll **etwas anderes essen**.*	Ma mère me dit toujours de **manger autre chose**.
Ich hasse Fast Food. Das ist zu fett.	**Je déteste le fast-food. C'est trop gras.**
Das hat zu viele Kalorien.	Il y a trop de calories.
Das macht dick.	Ça fait grossir.

2.6 Gesundheit und Krankheit

Ich muss auf meine Gesundheit achten

Ich muss auf meine Gesundheit achten.	**Je dois faire attention à ma santé.**
Ich habe meine Ernährung umgestellt. (die Ernährung)	J'ai modifié mon alimentation. *(l'alimentation (f.))*
Ich esse weniger Fleisch.	**Je mange moins de viande.**
Ich koche kalorienarm.	**Je cuisine léger.** *(cuisiner)*
In der Woche esse ich kalorienarm	Pendant la semaine, je mange léger.
*Am Wochenende **esse ich normal**.*	Le week-end, **je mange normal**.
*Man muss gut essen, **um gesund zu bleiben**.*	Il faut bien manger **pour rester en santé**.
Ich esse weniger Süßigkeiten.	Je mange moins de sucreries.
Ich trinke keinen Alkohol mehr.	Je ne bois plus d'alcool. *(boire)*

Ich habe eine Diät gemacht

***Ich habe** vor einem Jahr **eine Diät gemacht**.*	**J'ai fait un régime** il y a un an.
***Ich habe** in sechs Monaten **13 kg abgenommen**. (verlieren)*	En six mois, **j'ai perdu treize kilos.** *(perdre)*
Ich habe mehrere Diäten gemacht.	J'ai fait plusieurs régimes.
Aber das hat nichts gebracht.	**Mais ça n'a rien donné.**
Ich habe zugenommen.	J'ai pris des kilos. *(prendre des kilos)*
Ich habe immer wieder zugenommen.	J'ai toujours repris des kilos. *(reprendre des kilos)*
Ich habe immer Hunger.	**J'ai toujours faim.**

Rauchen ist nicht gut für die Gesundheit

Rauchen ist nicht gut für die Gesundheit.

Fumer n'est pas bon pour la santé.

Ich rauche nicht.

Je ne fume pas.

Ich rauche nicht mehr.

Je ne fume plus.

Ich habe mit dem Rauchen aufgehört. *(aufhören zu rauchen)*

J'ai arrêté de fumer. *(arrêter de fumer)*

Die Jugendlichen rauchen immer früher.

Les jeunes fument de plus en plus tôt.

Manche fangen mit 12 Jahren an zu rauchen.

Certains commencent à fumer à douze ans.

Bei den Mädchen ist das genauso.

Chez les jeunes filles, c'est pareil.

Ich muss mich mehr bewegen

Ich muss mich mehr bewegen.

Je dois bouger plus [plys].

Ich bewege mich zu wenig.

Je bouge trop peu.

Ich mache jeden Morgen Übungen.

Je fais de l'exercice tous les matins.

Das dauert 10 Minuten.

Ça dure dix minutes.

Das tut mir gut.

Ça me fait du bien.

Ich fühle mich besser so. *(sich fühlen)*

Je me sens mieux *(adv.)* comme ça. *(se sentir)*

Ich kann mich besser bewegen.

Je peux mieux bouger.

Ich gehe mit dem Hund Gassi.

Je sors promener mon chien. *(sortir)*

Ich mache mehr Sport.

Je fais plus de sport. *(faire du sport)*

Ich mache Nordic-Walking.

Je fais du nordic walking.

Ich gehe mit einer Freundin zum Nordic-Walking.

Je pars faire du nordic walking avec une amie.

Das ist ein netter Sport.

C'est sympathique comme sport.

Zwei Mal die Woche gehe ich zum Tennisspielen. *(zum Sport gehen)*

Deux fois par semaine, je pars faire du tennis. *(partir faire du sport)*

Ich muss mich entspannen

Ich habe einen stressigen Beruf.

J'ai un métier stressant.

Mein Leben ist sehr stressig.

Ma vie est très stressante.

Ich muss mich unbedingt entspannen.

Je dois absolument me détendre. *(se détendre)*

Ich nehme mir die Zeit, um mich zu entspannen.

Je prends le temps pour me détendre. *(prendre)*

Ich mache Yoga.

Je fais du yoga.

Das hilft mir, den Stress abzubauen.

Ça m'aide à réduire mon stress.

Um mich zu entspannen, höre ich gute Musik.
(Musik hören)

Pour me détendre, j'écoute de la bonne musique.
(écouter de la musique)

Ich nehme ein schönes heißes Bad.

Je prends un bon bain chaud. *(prendre)*

Ich lese ein schönes Buch.

Je lis un bon livre. *(lire)*

Ich gehe für einige Momente in meinen Garten.

Je vais dans mon jardin pour quelques moments. *(aller)*

Ich lege mich aufs Sofa und **ruhe mich etwas aus.**
(sich hinlegen) (sich ausruhen)

Je me couche sur le canapé et **je me repose un peu.**
(se coucher) (se reposer)

Ich habe die Grippe

Heute geht es mir nicht gut.

Je ne vais pas bien aujourd'hui.

Mir ist nicht gut. (= Ich fühle micht nicht wohl.)

Je ne me sens pas bien. *(se sentir)*

Ich glaube, ich habe die Grippe.

Je crois que j'ai la grippe. *(croire)*

Ich habe Kopfschmerzen.

J'ai mal à la tête.

Fühlst du dich wieder besser?

Tu te sens mieux?

Fühlen Sie sich wieder besser?

Vous vous sentez mieux?

Ich hoffe, es geht dir jetzt wieder besser.

J'espère que tu vas mieux maintenant. *(espérer)*

Ich bin seit drei Wochen erkältet.

Je suis enrhumé/e depuis trois semaines.

Es geht einfach nicht weg.

Mais ça ne passe pas.

Ich war schon beim Arzt.
Je suis déjà allé/e chez le médecin.

Er hat mir ein Antibiotikum gegeben.
Il m'a donné un antibiotique.

Aber es hat nicht geholfen.
Mais ça n'a pas aidé.

*Ich habe **eine ganze Reihe von Medikamenten** genommen.*
(eine ganze Menge von)
J'ai pris **pas mal de médicaments.** *(prendre)*
(pas mal de)

Aber es hat nichts gebracht.
Mais ça n'a rien donné.

Ich bin den ganzen Tag im Bett geblieben.
Je suis resté/e au lit toute la journée.

---

se sentir: **je me sens** **tu te sens** il/elle se sent
(sich fühlen) **vous vous sentez**
p.c.: je me suis **senti/e**

Schmerzen haben

Ich habe ...
... *Kopfschmerzen.*
... *Halsschmerzen.*
... *Magenschmerzen.*
... *Rückenschmerzen.*
... *Zahnschmerzen.*

J'ai ...
... mal à la tête.
... mal à la gorge.
... mal à l'estomac [ɛstɔma].
... mal au dos.
... mal aux oreilles.

Ich war lange krank

Ich war lange krank.
J'ai été longtemps malade.

Was hast du denn gehabt?
Qu'est-ce que tu as eu?

Ich habe mich am Knie / am Arm / am Bein verletzt.
Je me suis blessé/e au genou / au bras / à la jambe. *(se blesser)*

Wie ist denn das passiert?
(passieren)
Comment ça s'est passé?
(se passer)

Ich bin auf der Treppe gefallen.
Je suis tombé/e dans l'escalier.

Ich habe nicht aufgepasst.
(aufpassen)
Je n'ai pas fait attention.
(faire attention)

Ich war eine Woche im Krankenhaus.
J'ai été une semaine à l'hôpital.

Man hat mich am Knie operiert.
On m'a opéré/e au genou.

Es ist alles gut verlaufen.
Tout s'est bien passé.

Ich habe keine Probleme mehr mit meinem Knie.	Je n'ai plus de problèmes avec mon genou.
Ich bin wieder ganz gesund.	Je suis parfaitement *(adv.)* en santé.
So etwas ist schnell passiert.	**Ça s'est vite passé.**
Das ist mir zum ersten Mal passiert. *(passieren)*	**Ça m'est arrivé pour la première fois.** *(arriver)*

Wie ist das passiert?

Wie ist das passiert?	Comment ça **s'est passé**?
Wo ist das passiert?	Où ça **s'est passé**?
Es ist mir nichts passiert.	Je n'ai rien eu.
Das kann jedem passieren.	Ça peut **arriver** à tout le monde.
Das ist mir zum ersten Mal passiert.	Ça m'**est arrivé** pour la première fois.

2.7 Haus und Wohnen

Wir wohnen in einem Dorf

Wir wohnen in einem Dorf.	Nous habitons dans un village.
In Berlin / **In der Stadt** *sind die Wohnungen sehr teuer.* *(teuer)*	A Berlin / **En ville**, les logements sont très chers. *(cher/chère)*
Es ist nicht leicht, **eine billige Wohnung** *zu finden.*	Il n'est pas facile de trouver **un logement bon marché.**

Unsere Wohnung ist in einem alten Haus.	Notre logement se trouve dans une vieille maison.
Für uns ist es sehr praktisch.	Pour nous, c'est très pratique.
Die Geschäfte sind ganz in der Nähe.	**Les magasins sont tout près.**
Die Schule ist nicht weit weg.	**L'école n'est pas loin.**
Und zum Kindergarten sind es nur zwei Minuten.	**Et le jardin d'enfants est à deux minutes.**
Wir haben einen kleinen Garten.	Nous avons un petit jardin.
Die Kinder haben genug Platz zum Spielen.	Les enfants ont assez de place pour jouer.

vieux:	**un vieux** château **un vieil hôtel** **une vieille** ville
(alt)	

Ich wohne möbliert

Ich habe eine möblierte Wohnung.	**J'ai un logement meublé.**
Das ist ein Zimmer, Küche und Bad.	**C'est une pièce, cuisine, salle de bains.**
Das ist ein Apartment mit Küche, Bad und Balkon.	**C'est un studio** avec cuisine, salle de bains et balcon.
Das liegt sehr zentral.	**C'est très central.**
Ich habe es nicht weit bis zum Bahnhof.	**La gare n'est pas loin.**
Das ist ideal.	**C'est idéal.**
Ich habe Glück gehabt.	**J'ai eu de la chance.**
Ich habe lange gesucht.	J'ai longtemps cherché.

Ich muss mobil sein.	**Je dois être mobile.**
Ich muss flexibel sein.	**Je dois être flexible.**
Ich war ein Jahr in Hannover.	**J'ai été un an** à Hanovre.
Ich werde ins Ausland arbeiten gehen.	**Je vais aller travailler** à l'étranger.
Meine Firma hat mir das schon gesagt. (eine Firma)	Mon entreprise m'a déjà dit ça. *(une entreprise)*
Ich weiß nicht, wann ich zurückkomme.	Je ne sais pas quand je reviendrai *(fut.)*. *(revenir)*
Dann muss ich mir eine neue Wohnung suchen.	Puis, je dois chercher un nouveau logement.
Ich kann keine feste Wohnung haben.	Je ne peux pas avoir de logement fixe.

Mir gefällt es hier

*Ich wohne **in einem Dorf**.*	J'habite **dans un village.**
Mir gefällt es hier.	**Je me plais ici.** *(se plaire)*

Es ist viel ruhiger als in der Stadt.

C'est beaucoup plus calme
qu'en ville.

Man ist mitten in der Natur.

On est en pleine nature.

Das Leben ist nicht so stressig.

La vie est moins stressante.

Es ist nicht so viel (= weniger)
Verkehr.

Il y a moins de circulation.

*Die Kinder haben mehr Platz
zum Spielen.*

Les enfants ont plus de place
pour jouer.

Man kennt sich.

On se connaît. *(connaître)*

Ich habe viel Kontakt.

J'ai beaucoup de contact.

Hier ist es langweilig

Hier ist es langweilig.
(= Man langweilt sich.)

Ici, on s'ennuie. *(s'ennuyer)*

*Das Leben auf dem Land ist nicht
einfach.*

La vie à la campagne n'est pas
facile.

*Hier **ist nicht viel los.***

Ici, **il n'y a pas d'activités.**

Man trifft immer dieselben Leute.

On rencontre toujours
les mêmes gens.

Ich habe nicht viel Kontakt.

Je n'ai pas beaucoup de contact.

Meine Freunde wohnen weit weg.

Mes amis habitent loin.

Ich sehe sie selten.

Je les vois rarement *(adv.)*. *(voir)*

Das ist eine Stunde mit dem Bus.

C'est une heure de car.

Man braucht ein Auto.

On a besoin d'une voiture.

In der Stadt ist es viel besser.

En ville, c'est beaucoup mieux.

Da ist mehr los.

Là, il y a plus d'activités.

*Man hat alle Geschäfte, die
man will.*

On a tous les magasins
qu'on veut.

*Die Freunde wohnen um die Ecke
(= nebenan).*

Les amis habitent à côté.

voir:	**je vois**	**tu vois**	il/elle voit	*p.c.:* j'ai **vu**
(sehen)	nous voyons	**vous voyez**	ils/elles voient	

In einem Ferienhaus in Frankreich

Kann ich den Wagen vor/hinter dem Haus lassen?	Je peux laisser la voiture devant/derrière la maison?
Die Tür ist zu/auf.	**La porte est fermée/ouverte.**
Es ist zu/auf.	**C'est fermé/ouvert.**
Die Tür **ist abgeschlossen.**	La porte **est fermée à clé.**
Welches ist der Schlüssel für die Haustür?	Quelle est la clé pour la porte d'entrée?
Wo befindet sich die Toilette?	Où se trouvent les toilettes?
Ist *das Bad* **oben** *oder* **unten?**	La salle de bains **est en haut** ou **en bas?**
Hat das andere Zimmer auch zwei Betten? *(das (Schlaf-)Zimmer)*	Est-ce que l'autre chambre a aussi deux lits? *(la chambre)*

Haben Sie einen Internetanschluss?	**Avez-vous une connexion Internet** [ɛ̃tɛʀnɛt]**?**
Wie schaltet man den Fernseher ein?	**Comment faire pour mettre la télé?**
Kann ich das Telefon benutzen?	Est-ce que je peux utiliser le téléphone?
Es gibt Probleme beim Handy.	**Il y a des problèmes pour mon portable.**
Die Verbindung ist schlecht.	La communication est mauvaise.

Haben Sie Streichhölzer?	Vous avez des allumettes?
Ich möchte den Kamin anzünden.	C'est pour allumer la cheminée.
Haben Sie Müllbeutel?	Vous avez des sacs poubelle?
Wo kann man hier einkaufen?	**Où est-ce qu'on peut faire ses courses?**
Gibt es hier in der Nähe einen Supermarkt?	Est-ce qu'il y a un supermarché près d'ici?
Wo kann man hier gut essen gehen?	**Est-ce qu'il y a un bon restaurant près d'ici?**

3

Freizeit

3.1 Freizeit

Mein Hobby ist mir wichtig

Mein Hobby ist mir sehr wichtig.	Mon hobby m'est très important.
Was hast du für Hobbies? *– Kino, Sport, Musik, Bücher.*	Quels sont tes hobbies? – Cinéma, sport, musique, livres.
Was machst du in deiner Freizeit?	Qu'est-ce que tu fais pendant ton temps libre?
– Ich mache Sport. Ich höre Musik. *Ich lese.*	**– Je fais du sport. J'écoute le la musique.** Je lis. *(lire)*
Ich habe nicht viel Freizeit.	**Je n'ai pas beaucoup de temps libre.**
In der Woche habe ich nicht viel Zeit für meine Hobbies.	En semaine, je n'ai pas beaucoup de temps pour mes hobbies.

Wenn ich Zeit habe, *gehe ich aus.*	**Quand j'ai le temps**, je sors. *(sortir)*
Ich treffe mich mit Freunden.	Je vais voir mes amis.
Wir gehen gemeinsam in die Disko.	Nous allons ensemble en boîte.
Ich fahre Skateboard/ ***Inline-Skate.***	**Je fais du skate(-board) /** **du roller.**
Ich gehe gerne shoppen.	**J'aime faire du shopping.**
Aber im Moment ***habe ich keine Zeit*** *dazu.*	Mais en ce moment, **je n'ai pas le temps** de faire ça.

Interessen	
fernsehen	regarder la télé
Musik hören	écouter de la musique
sich Filme/Videos anschauen	regarder des films / des vidéos
am Computer spielen	jouer sur l'ordinateur
im Internet surfen	surfer sur Internet
Rad fahren	faire du vélo
Inline-Skate fahren	faire du roller
Skateboard fahren	faire du skate(-board)
fotografieren	faire de la photo
malen	faire de la peinture
tanzen gehen	faire de la dance
shoppen gehen	faire du shopping

Für Kunst und Kultur tue ich alles

Ich gehe oft ins Kino. | Je vais souvent au cinéma.

Ich war gestern im Kino. | Hier, je suis allé/e au cinéma.

**Ich war in dem neuen
James Bond Film.** | Je suis allé/e voir le nouveau
film de James Bond.

Er war super! | Il était super!

Ich gehe oft ins Theater. | Je vais souvent au théâtre.

*Ich gehe nicht gern allein ins
Theater.* | Je n'aime pas aller seul/e
au théâtre.

*Morgen **gehe ich in ein Konzert.*** | Demain, **je vais dans un concert.**

Ich habe noch eine Karte übrig. | J'ai encore un billet de trop.

Hast du Lust mitzukommen? | Tu as envie de venir avec moi?

*Vor zwei Wochen **war ich in einer
Kunstausstellung.*** | Il y a deux semaines, **je suis allé/e
voir une expositon d'art.**

3.2 Musik

Mit Musik geht alles besser

**Magst du klassische Musik/
Rockmusik/Volksmusik?** | **Tu aimes la musique classique /**
la musique rock / la musique
populaire?

*Ich mag Musik sehr, speziell die
Musik von ...* | J'aime beaucoup la musique,
spécialement la musique de ...

*Ich habe mir die neue CD von ...
gekauft.* | Je me suis acheté le nouveau CD
de ...

Ich mag besonders Techno-Musik
und Hard Rock. | **Moi, j'aime surtout la musique
techno** [tɛkno] et le hard rock.

Diese Musik gefällt mir gut. | **Cette musique me plaît beaucoup.**

*Diese Musik mag ich überhaupt
nicht.* | Je n'aime pas du tout
cette musique.

**Diese Musik ist wirklich
scheußlich!** | **Cette musique est vraiment
affreuse!** *(affreux/affreuse)*

Ich höre Musik auf meinem CD-Player.	**J'écoute de la musique sur mon lecteur CD.**
Ich höre Musik auf meinem PC mit Kopfhörer.	J'écoute de la musique sur mon pc avec un casque.
Ich lade die Musik aus dem Internet. *Das ist legal.*	**Je télécharge la musique d'Internet.** *(télécharger)* C'est légal.
Ich lade die Musik auf meinen PC. *Das ist kostenlos.*	**Je télécharge la musique sur mon pc.** C'est gratuit.

Ich mache Musik

Ich mache Musik.	Je fais de la musique.
Spielst du / Spielen Sie ein Instrument?	**Tu joues / Vous jouez d'un instrument?**
Ich spiele Gitarre.	**Je joue de la guitare.**
Spielen Sie schon lange Klavier?	**Ça fait longtemps que vous jouez du piano?** – Ça fait cinq ans.
– Seit 5 Jahren.	
*Meine Schwester **spielt Geige.*** *Sie spielt sehr gut.*	Ma sœur **joue du violon.** Elle joue très bien.
Man kann im Internet Gitarre spielen lernen. *Das kostet nichts.*	On peut apprendre à jouer de la guitare sur Internet. C'est gratuit.
Das Einfachste ist, du gehst in eine Musikschule.	Le plus simple, c'est d'aller dans une école de musique.

Ich spiele Schlagzeug/Saxofon.	**Je joue de la batterie / du saxophone.**
Ich spiele in einer Band.	**Je joue dans un groupe de rock.**
Wir machen kleinere Konzerte vor Freunden.	Nous faisons de petits concerts devant des amis.
Wir spielen auf privaten Feiern.	Nous jouons dans des fêtes privées.
Wir haben unsere Stücke in einem Studio aufgenommen.	Nous avons enregistré nos morceaux dans un studio.

Musik machen

Musik machen	faire de la musique
Gitarre sielen	jouer de la guitare
Klavier spielen	jouer du piano
Geige spielen	jouer du violon
Saxofon spielen	jouer du saxophone
Keyboard spielen	jouer du keyboard
Schlagzeug spielen	jouer de la batterie

3.3 Computer und Internet

Ohne Computer geht gar nichts

Ich habe Probleme mit meinem Computer.

J'ai des problèmes avec mon ordinateur.

Ich habe ein großes Problem.

J'ai un gros problème.

Ich komme nicht ins Internet.

Je n'ai pas accès sur Internet [ɛ̃tɛʀnɛt].

Mein PC läuft nicht mehr richtig.

Mon pc ne fonctionne plus correctement *(adv.)*.

Dieses Computerspiel läuft nicht auf meinem Laptop.

Ce jeu vidéo ne marche pas sur mon pc portable.

Ich brauche deine Hilfe / Ihre Hilfe.

J'ai besoin de ton aide / de votre aide.

Ich sehe mir die Videos auf meiner Spielkonsole an.

Je regarde les vidéos sur ma console de jeux.

Wie kann ich Bilder/Fotos auf meinen PC bringen?

Comment mettre des images / des photos sur mon pc?

Ich habe dieses Programm schon auf meinem Laptop installiert.

J'ai déjà installé ce programme sur mon pc portable.

*Wie kann ich **mein Festnetztelefon an meinen PC anschließen**?*

Comment faire pour **brancher mon téléphone fixe sur mon pc?**

Man muss ein USB-Kabel anschließen. Das geht problemlos.

Il faut brancher un câble usb. Ça va sans problèmes.

Ohne Internet geht gar nichts

Heute hat fast jeder Internet.

Aujourd'hui, presque tout le monde a Internet [ɛ̃tɛʀnɛt].

Ich komme im Moment nicht ins Netz.

Pour le moment, je ne peux pas entrer dans le Net [nɛt].

Können Sie mir eine Internet-adresse *nennen, wo ich das finden kann?*

Pouvez-vous m'indiquer une adresse Internet où je peux trouver ça?

Ich habe das im Netz gefunden.

J'ai trouvé ça sur le Net.

Ich habe eine Website gefunden, die dir/Ihnen helfen könnte.

J'ai trouvé un site qui pourrait t'aider / vous aider.

Es gibt ein Programm, um **kostenlos im Netz / im Internet** *zu* **telefonieren.**

Il y a un programme pour **téléphoner gratuitement** *(adv.)* **sur le Net /sur Internet.**

Es gibt ein kostenloses Programm.

Il y a un programme gratuit.

Ich habe Internetfernsehen.

J'ai la télévision sur Internet.

Ich surfe viel im Netz.

Je sufe [sœrf] beaucoup sur le Net.

Ich chatte mit meinen Freunden.

Je chatte [tʃat]] **avec mes amis.**

Computer/Internet

am Computer arbeiten	travailler sur l'ordinateur
das Programm installieren	installer le programme
das Programm deinstallieren	déinstaller le programme
die Datei auf die Festplatte kopieren	copier le fichier sur le disque dur
auf das Bild klicken	cliquer sur l'image
den Text auf dem Monitor lesen	lire le texte sur le moniteur
den Drucker an den PC anschließen	brancher l'imprimante sur le pc
das Programm aus dem Internet herunterladen	télécharger le programm d'Internet
den Film auf den Computer herunterladen	télécharger le film sur l'ordinateur
auf dem Computer fernsehen	regarder la télé sur l'ordinateur
im Internet surfen	surfer sur Internet
die Internetverbindung	la connexion Internet
über das Internet fernsehen	regarder la télé sur Internet
Internetradio hören	écouter la radio sur Internet

3.4 Sport

Sport hält fit

Machen Sie Sport?

Vous faites du sport?

Ich mache regelmäßig Sport,
besonders Fitness.

Je fais régulièrement *(adv.)* du sport,
surtout du fitness.

Ich brauche das, um fit zu bleiben.

J'en ai besoin pour rester en forme.

Ich muss mehr Sport treiben.

Je dois faire plus de sport.

Seitdem ich Sport treibe,
geht es mir viel besser.

Depuis que je fais du sport,
je vais beaucoup mieux.

Ich treibe keinen Sport.

Je ne fais pas de sport.

Ich bin nicht sehr sportlich.

Je ne suis pas
très sportif/sportive.

Fußball ist mein Leben

Ich spiele seit vier Jahren
Fußball.

Je joue au foot(ball) depuis
quatre ans.

Ich spiele in einem Verein.

Je joue en club [klœb].

Montags gehe ich zum Training.

Le lundi, je vais à l'entraînement.

Ich sehe mir Fußball im Fernsehen an.

Je regarde le foot à la télé.

Ich habe das Spiel
Frankreich – Italien **gesehen.**

J'ai regardé le match
France – Italie.

Deutschland spielt gegen Polen.

L'Allemagne joue contre
la Pologne.

Bayern München **hat das Spiel**
gegen Frankfurt **gewonnen.**

Bayern Munich **a gagné**
le match contre Francfort.

... hat 3 zu 1 gewonnen/ verloren.
(gewinnen) (verlieren)

... a gagné / a perdu 3 à 1.
(gagner) (perdre)

Ich bin Fan von Schalke 04.

Je suis fan [fan] de Schalke 04.

*... ist **eine sehr gute Mannschaft.***

... est **une très bonne équipe.**

... ist ein sehr guter Spieler.

... est un très bon joueur.

Er spielt bei Real Madrid.

Il joue chez Real Madrid.

Er spielt sehr gut Fußball.

Er spielt in der deutschen Nationalmannschaft.

Il joue très bien au foot.

Il joue dans l'équipe nationale allemande.

Tennis und Schwimmen

Ich spiele zwei Mal die Woche Tennis.

Je joue au tennis deux fois par semaine.

Ich spiele mit meinem Freund / meiner Freundin.

Je joue avec mon ami / mon amie.

Samstags gehe ich schwimmen.

Le samedi, je fais de la natation.

In der Woche habe ich keine Zeit.

En semaine, je n'ai pas le temps.

Das Schwimmbad / Das Hallenbad ist ganz in der Nähe.

La piscine / La piscine couverte est tout près.

Ski laufen

Läufst du / Laufen Sie Ski?

Tu fais / Vous faites du ski?

Ich fahre in die Berge zum Skilaufen.

Je vais à la montagne pour faire du ski.

Ich mache Skilanglauf.

Je fais du ski de fond.

Ich habe mir neue Skier gekauft.

Je me suis acheté de nouveaux skis.

Ich kann nicht Skilaufen.

Je ne sais pas skier.

Sport	
Sport treiben	faire du sport
Fußball /Tennis spielen	jouer au foot(ball) / au tennis
Tischtennis spielen	jouer au tennis de table
Basketball spielen	jouer au basket(-ball)
Volleyball spielen	jouer au volley(-ball)
Handball / Golf spielen	jouer au handball / au golf
Nordic-Walking machen	faire du nordic walking
joggen	faire du jogging
schwimmen	faire de la natation
reiten	faire du cheval
Rad fahren	faire du vélo
Inline-Skate fahren	faire du roller
Kraftsport machen	faire du sport intensif
Ski laufen	faire du ski

4

Freunde, Freundschaft, Partnerschaft

4.1 Freunde

Zu Besuch bei Freunden

Hier ist dein/Ihr Zimmer.

*– **Wo kann ich meine Sachen hintun?***

– Wo kann ich mir die Hände waschen?

Hier ist das Bad.

Voici ta/votre chambre.

– **Où est-ce que je peux mettre mes affaires?**

– Où est-ce que je peux me laver les mains?

Voici la salle de bains.

Willst du / Wollen Sie Musik hören?

Du kannst / Sie können meinen MP3-Player haben.

Warte mal! / Warten Sie! Ich hole ihn.
(warten) (holen)

*– **Das ist nicht nötig.***

Tu veux / Vous voulez écouter de la musique?

Tu peux / Vous pouvez avoir mon lecteur MP3.

Attends! / Attendez! Je vais le chercher.
(attendre) (aller chercher)

– Ce n'est pas la peine.

Brauchst du / Brauchen Sie noch etwas?

*– **Nein, danke. Es ist alles o.k.***

Wenn du mich brauchst / Wenn Sie mich brauchen, ich bin in der Garage.

Tu as / Vous avez encore besoin de quelque chose?

– Non, merci. Tout est ok [oke].

Si tu as besoin de moi / Si vous avez besoin de moi, je suis dans le garage.

Das ist aber ein toller Schlitten!

Das ist aber ein toller Schlitten!

Der würde mir auch gefallen.

Aber umweltfreundlich ist er nicht gerade. (umweltschädlich)

*Ja, das stimmt. **Er verbraucht viel zu viel Benzin.***

Ich sollte mir einen kleineren Wagen kaufen.

C'est vraiment une belle bagnole!

Elle me plairait à moi aussi. *(plaire)*

Mais elle est polluante.
(polluant/e)

Oui, c'est vrai. **Elle consomme beaucoup trop d'essence.**

Je devrais m'acheter une plus petite voiture. *(devoir)*

Das ist umweltfreundlicher.

*Ich habe mir vor kurzem einen
    Kleinwagen gekauft.*

Das ist ein ...

Er verbraucht viel weniger.

Ich bin ganz zufrieden damit.
    (zufrieden sein mit)

C'est plus écologique.

Il y a peu de temps, je me suis
    acheté une petite voiture.

C'est une ...

Elle consomme beaucoup moins.

J'en suis tout à fait content/e.
    (être content/e de)

Ist das dein Mofa?

*Ist das dein Mofa? Es ist
    super!*
– *Es gehört meiner Schwester.*

Darfst du damit fahren?
– *Ja, manchmal, wenn ich es
    eilig habe.*

**C'est ta mobylette?
    Elle est super!**
– Elle est à ma sœur.

Tu peux rouler avec ça?
– Oui, quelquefois, quand
    je suis pressé.

Ist das teuer, so ein Mofa?

– *Meine Eltern haben es mir
    geschenkt. (schenken)*

**C'est cher, une mobylette
    comme ça?**
– Mes parents m'ont offert ça.
    (offrir)

---

*Nächstes Jahr will ich mir
    einen Motorroller kaufen.*

*Ich kaufe mir einen
    gebrauchten Roller.*
Der ist nicht so teuer.

L'année prochaine, je veux
    m'acheter un scooter.

Je vais m'acheter un scooter
    [skutœʀ] d'occasion.
C'est moins cher.

Gehst du mit zur Party?

*Heute Abend ist eine Party
    bei einem Freund / einer Freundin.*

**Er/Sie feiert seinen/ihren
    Geburtstag.**

**Hast du Lust / Haben Sie Lust,
    mit mir dahin zu gehen?**

Ce soir, il y a une fête
    chez un ami / une amie.

Il/Elle fête son anniversaire.
    (fêter) (un anniversaire)

**Tu as envie / Vous avez envie
    de m'accompagner?**

Der Bus fährt alle 20 Minuten / *alle halbe Stunde /* *alle Stunde.*	**Le bus passe toutes les vingt** **minutes** / toutes les demies heures / toutes les heures.

Ich will mal meinen Vater / *meine Mutter fragen.* *(jdn fragen)*	Je vais demander à mon père / à ma mère. *(demander à qn)*
Er/Sie fährt uns bestimmt ***mit dem Auto dahin.*** *(jdn fahren (mit dem Auto))*	**Il/Elle nous conduira** *(fut.)* **sûrement en voiture.** *(conduire qn)*
Ich habe mit ihm / mit ihr *gesprochen. (mit jdm sprechen)*	Je lui ai parlé. *(parler à qn)*
Das geht klar.	C'est d'accord.
Er/Sie holt uns auch wieder ab.	**Il/Elle vient aussi nous prendre.**

conduire:	**je conduis**	**tu conduis**	il/elle conduit
(fahren)	nous conduisons	**vous conduisez**	ils/elles conduisent
(Auto)	*p.c.:* j'ai **conduit**		

Wir treffen uns in der Stadt

Wir treffen uns vor dem Rathaus.	Nous nous rencontrons devant l'Hôtel de Ville. *(se rencontrer)*
Du nimmst die Buslinie *33.* *Das ist Richtung „Bahnhof".*	**Tu prends le bus** 33. C'est direction «Gare».
Die Busse fahren alle 20 Minuten.	Les bus passent toutes les 20 minutes.
Du steigst *am Theater* ***aus.***	**Tu descends** au théâtre. *(descendre)*

Du gehst nach rechts / nach links ***bis zur Kreuzung.***	**Tu vas à droite / à gauche** **jusqu'au carrefour.**
Du überquerst die Kreuzung und ***gehst geradeaus.***	Tu traverses le carrefour et **tu vas** **tout droit.**
Dann nimmst du die 1. Straße ***links / die 2. Straße rechts.***	**Puis, tu prends la première rue** **à gauche / la deuxième rue** **à droite.**
Du kommst zu einem kleinen Platz.	Tu arrives à une petite place.

*Das Rathaus **ist auf der rechten Seite / auf der linken Seite.***	L'Hôtel de Ville **est sur ta droite / est sur ta gauche.**
*Das ist **direkt neben** der Kirche.*	C'est **juste à côté de** l'église.
Das ist ganz einfach.	Ce n'est pas compliqué.
Das ist fünf Minuten zu Fuß.	C'est à cinq minutes à pied.

Den Weg erklären

Ich will Ihnen erklären, wie Sie zum Theater kommen.	Je vais vous expliquer comment aller au théâtre.
Sie nehmen den Bus 55.	Vous prenez le bus 55.
Sie steigen an der Haltestelle „Bergstraße" aus.	Vous descendez à l'arrêt «Bergstraße».
Sie gehen geradeaus bis zur Ampel.	Vous allez tout droit jusqu'au feu.
Da biegen Sie rechts/links ab.	Là, vous tournez à droite / à gauche.
Dann nehmen Sie die 1. Straße rechts.	Puis, vous prenez la première rue à droite.
Sie kommen an eine Kreuzung.	Vous arrivez à un carrefour.
Sie gehen über die Straße.	Vous traversez la rue.
Sie gehen über eine Brücke.	Vous passez par un pont.
Das Theater ist auf der rechten/ linken Seite.	Le théâtre est sur votre droite / sur votre gauche.
Das ist gegenüber/neben der Kirche.	C'est en face de / à côté de l'église.
Das ist direkt nebenan.	C'est juste à côté.

4.2 Freundschaft

Freundschaft

Es ist nicht leicht, gute Freunde zu finden.	Il n'est pas facile de trouver de bons amis.
Ich suche Freunde zum Chatten.	**Je cherche des amis pour chatter** [tʃate].
Ich suche Freundinnen zum Gedankenaustausch.	Je cherche des amies pour échanger des idées.
Das ist ein guter Freund / eine gute Freundin.	C'est un bon ami / une bonne amie.
Ich kann mit ihm / mit ihr über alles reden.	**Je peux lui parler de tout.**

Er/Sie versteht meine Probleme besser als meine Eltern.	Il/Elle comprend mes problèmes mieux que mes parents.
Voriges Jahr war ich in einer schweren Krise.	L'année dernière, j'ai été dans une crise grave.
Er/Sie war immer für mich da.	**Il/Elle était toujours là pour moi.**
Wir verstehen uns wirklich gut.	Nous nous entendons vraiment bien. *(s'entendre)*
Wir gehen öfter miteinander aus.	**Nous sortons souvent ensemble.** *(sortir)*

Freunde und Eltern

Ich kann alle meine Freunde mit nach Hause bringen.	**Je peux amener tous mes amis chez moi.**
Ich kann meinen Eltern alles erzählen.	Je peux tout raconter à mes parents.
Meine Eltern wollen mich immer kontrollieren.	**Mes parents veulent toujours me contrôler.**
Ich mag das überhaupt nicht.	Je n'aime pas du tout ça.

Mein Sohn / Meine Tochter findet leicht Freunde/Freundinnen.	Mon fils / Ma fille trouve facilement *(adv.)* des amis / des amies.
Er/Sie hat mehrere Freunde/ Freundinnen.	Il/Elle a plusieurs amis/amies.
Ich finde sie sehr nett.	**Je les trouve très gentils/gentilles.**
Mein Sohn / Meine Tochter tut sich etwas schwer, Freunde/ Freundinnen zu finden.	Mon fils / Ma fille a des difficultés à trouver des amis / des amies.

Meine Eltern kennen meinen Freund / meine Freundin.	Mes parents connaissent mon ami / mon amie. *(connaître)*
Am Anfang waren meine Eltern gar nicht einverstanden.	**Au début, mes parents n'étaient pas du tout d'accord.**
Jetzt akzeptieren sie ihn/sie.	Maintenant, ils l'acceptent.
Ich gehe oft auf Partys.	**Je vais souvent à des fêtes.**
Mein Vater sieht das gar nicht gern.	Mon père n'aime pas du tout ça.

Meine Mutter ist da toleranter.	Ma mère est plus tolérante sur ce point.
Ich muss spätestens um Mitternacht zu Hause sein.	**Je dois rentrer au plus tard à minuit.** *(devoir)*
Ich finde das blöd!	**Je trouve ça idiot!**

4.3 Partnerschaft

Partner und Internet

Ich habe *meinen Partner / meine Partnerin* ***durch das Internet kennen gelernt.***	**J'ai connu** mon partenaire / ma partenaire **via Internet** *(connaître)*
Ich habe lange im Internet gesucht.	J'ai longtemps *(adv.)* cherché sur Internet.
Ich habe mit ihm / mit ihr einen Monat geschattet.	J'ai chatté avec lui / avec elle pendant un mois.
Wir haben uns dann regelmäßig getroffen.	Puis, nous nous sommes vus régulièrement *(adv.)*. *(se voir)*
Das erste Date war ein totaler Reinfall.	**Le premier rendez-vous était un fiasco total.**
Wir verstehen uns blind.	Nous nous entendons parfaitement *(adv.)*. *(s'entendre)*
Manchmal verstehe ich ihn/sie überhaupt nicht.	Parfois, je ne le/la comprends pas du tout. *(comprendre)*
Ich weiß *oft* ***nicht, was er/sie denkt.***	Souvent, **je ne sais pas ce qu'il/elle pense.** *(savoir)*

Fester Freund

Ich habe *seit 1 Jahr* ***einen festen Freund / eine feste Freundin.***	**J'ai un petit ami / une petite amie** depuis un an.
An Kinder denken wir jetzt noch nicht.	Nous ne pensons pas encore à avoir des enfants.
Wir wollen unser Leben erst einmal genießen.	Tout d'abord, nous voulons profiter de notre vie.
Ich will mich jetzt noch nicht fest binden.	Je ne veux pas encore m'engager à fond. *(s'engager)*

Ich muss erst mal beruflich weiterkommen.

Je dois d'abord avancer dans mon métier.

Mein Freund / meine Freundin hat Verständnis für meine Situation.

Mon ami / Mon amie comprend ma situation. *(comprendre)*

Er/Sie ist immer für mich da, wenn ich ihn/sie brauche.

Il/Elle est toujours là pour moi quand j'ai besoin de lui / d'elle.

Wir wollen bald heiraten.

Nous voulons bientôt nous marier. *(se marier)*

Wir wollen eine Familie gründen.

Nous voulons fonder une famille.

Ich hoffe, dass unsere Beziehung hält.

J'espère que notre relation durera *(fut.)* longtemps. *(durer)*

Ich hoffe, dass es immer so bleibt.

J'espère que ça restera *(fut.)* **toujours comme ça.**

5

Reisen, Ferien

5.1 Reisen

Haben Sie den Urlaub schon hinter sich?

*Haben Sie den Urlaub schon
hinter sich?*
**Vous êtes déjà parti/e
en vacances?**

*– Ja, ich war zwei Wochen
in Italien.*
**– Oui, je suis allé/e deux semaines
en Italie.**

Ich war zuerst in Rom.
D'abord, j'ai été à Rome.

*Ich habe die ganzen antiken Stätten
abgegrast.*
J'ai fait le tour des antiquités.

*Den Rest des Urlaubs war ich
am Meer.*
Pour le reste des vacances,
j'ai été au bord de la mer.

Wir waren in den USA.
**Nous sommes allés
aux États-Unis.**

*Wir haben ein Wohnmobil
gemietet.*
Nous avons loué un camping-car.

*Wir sind 10 Tage quer durch
Kalifornien gefahren.*
Nous avons roulé dix jours à travers
la Californie.

Wir haben viel gesehen.
Nous avons beaucoup vu.

Das war toll!
C'était super!

---

*Wir haben eine Kreuzfahrt
gemacht.*
Nous avons fait une croisière.

Wir sind nach Norwegen gefahren.
Nous sommes allés en Norvège.

Das war eine tolle Erfahrung.
C'était une expérience formidable.

Fahren Sie dieses Jahr weg?

Fahren Sie dieses Jahr weg?
**Vous partez en vacances
cette année?** *(partir)*

*– Ja, aber ich weiß noch nicht
genau wohin.*
**– Oui, mais je ne sais pas encore
exactement** *(adv.)* **où.**

*Vielleicht fliegen wir nach
Griechenland.*
Peut-être que nous allons en Grèce.

*Mein Mann / Meine Frau wollte
schon immer mal dahin.*
Mon mari / Ma femme a toujours
voulu y aller. *(vouloir)*

Ich muss mal sehen, was es für Möglichkeiten gibt.	Je vais voir ce qu'il y a comme possibilités.
Ich muss mich mal im Internet informieren.	Je vais me renseigner sur Internet. *(se renseigner)*
Vielleicht machen wir einen Campingurlaub.	**Peut-être que nous faisons du camping pendant les vacances.**
Das würde unseren Kindern sehr gefallen.	Ça plairait beaucoup à nos enfants. *(plaire)*

Ich fahre ohne meine Eltern in Ferien

Dieses Jahr fahre ich ohne meine Eltern in Ferien.	Cette année, je pars en vacances sans mes parents.
Es gab lange Diskussionen.	Il y a eu de longues discussions.
Ich fahre mit Freunden weg.	**Je pars avec des amis.**
Wir fahren nach Schweden.	Nous allons en Suède.
Wir machen Camping.	**Nous faisons du camping.**
Das ist in einem Ferienclub.	C'est dans un club [klœb] de vacances.
Wir wollen Land und Leute kennen lernen.	Nous voulons voir du pays.

Ich fahre in einen Cub nach Tunesien.	**Je vais dans un club** en Tunisie.
Da kann ich Schnorcheln lernen. *(tauchen (Sportart))*	Là, je peux apprendre à faire de la plongée avec tuba [tyba]. *(faire de la plongée)*
Man kann da alles Mögliche machen.	**On peut y faire toutes sortes d'activités.**
Es gibt viele Ausflüge.	Il y a beaucoup d'excursions.
Ich habe das Programm gelesen.	J'ai lu le programme. *(lire)*
Da kann ich Jugendliche aus anderen Ländern kennen lernen.	Là, je peux rencontrer des jeunes d'autres pays.
Das ist eine gute Sache.	**C'est une bonne chose.**
Ich freue mich schon darauf.	Ça me fera *(faire: fut.)* très plaisir.

Unser Sohn verreist zum 1. Mal allein

*Unser Sohn / Unsere Tochter
verreist zum ersten Mal allein.*

Notre fils / Notre fille part seul/
seule pour la première fois.

Das ist ein komisches Gefühl.

C'est un sentiment bizarre.

**Er/Sie fährt mit einer
Jugendgruppe.**

**Il/Elle part avec un groupe
de jeunes.** *(partir)*

Sie gehen in eine Jugendherberge.

**Ils vont dans une auberge
de jeunesse.** *(aller)*

*Man macht sich da schon gewisse
Sorgen. (sich Sorgen machen)*

Là, on s'inquiète un peu.
(s'inquiéter)

Es kann ja alles Mögliche passieren.

Il peut arriver toutes sortes
de choses.

Er/Sie hat ein Handy dabei.

**Il/Elle a son portable avec lui /
avec elle.**

*So kann er/sie uns immer
erreichen.*

Comme ça, il/elle peut toujours
nous joindre.

5.2 Ferien

Wir bleiben zu Hause

Diese Ferien bleibe ich /
bleiben wir **zu Hause.**

**Pendant ces vacances, je reste
chez moi** / nous restons
chez nous.

**Dieses Jahr war ich schon einmal
verreist.**

**Cette année, je suis déjà parti/e
une fois.**

*Ich muss noch einiges in der
Wohnung / am Haus tun.*

Je dois encore faire certaines choses
dans mon logement / dans notre
maison.

**Ich muss noch meine Wohnung
renovieren.**

**Je dois encore rénover
mon logement.**

*Ich muss auch noch den Garten
in Ordnung bringen.*

Je dois aussi mettre le jardin
en ordre.

---

*Außerdem wollen wir mal unsere
Umgebung besser kennen lernen.*

En plus [plys], on veut mieux
connaître nos environs.

Wir wollen einige Radtouren machen.

Nous voulons faire quelques tours en vélo.

Wir wollen auch ein paar Wanderungen machen.

Nous voulons aussi faire des randonnées à pied.

Dann haben wir auch wieder mehr Zeit für uns.

Comme ça, nous avons aussi plus de temps pour nous.

Ich arbeite in den Ferien

Ich arbeite in den Ferien.

Je travaille pendant les vacances.

Ich habe einen Ferienjob in einem Supermarkt.

J'ai trouvé un job de vacances dans un supermarché.

Ich mache Babysitting.

Je fais du baby-sitting.

Das mache ich schon seit zwei Jahren.

Je fais ça depuis deux ans.

Das ist ziemlich anstrengend.

C'est assez fatigant.

Das macht mir viel Spaß.

Ça me fait très plaisir.

Das ist anständig bezahlt.

C'est bien payé.

Das ist leicht verdientes Geld.

C'est de l'argent facilement *(adv.)* gagné.

Ich spare auf einen Motorroller.

J'épargne pour acheter un scooter [skutœr].

6

Schule, Ausbildung und Zukunftspläne, Studium

6.1 Schule

Was macht die Schule?

Wie läuft's in der Schule?
– Es läuft alles ganz gut.

Ça va bien à l'école?
– Tout va très bien.

Ich gehe auf eine Realschule /
aufs Gymnasium.

Je vais à la Realschule /
au lycée.

Ich gehe auf eine Gesamtschule.

Je vais à une école intégrée.

Ich habe eine Menge für die Schule
zu tun.

J'ai beaucoup à faire
pour l'école.

Ich habe immer viele
Hausaufgaben auf.

J'ai toujours beaucoup de devoirs
à faire.

Ich habe praktisch keine Freizeit
mehr.

Je n'ai pratiquement *(adv.)* plus
de temps libre.

Ich habe schon zwei Jahre
Französisch. *(lernen)*

J'apprends le français depuis
deux ans. *(apprendre)*

Aber so richtig kann ich es
noch nicht.
(Ich kann kein Spanisch.)

Mais je ne le sais pas encore
très bien. *(savoir)*
(Je ne sais pas l'espagnol.)

Mein Französisch ist nicht gut.

Mon français n'est pas bon.

In Englisch bin ich besser.

En anglais, je suis meilleur/e.

In Mathe bin ich nicht gut.

En maths, je ne suis pas
bon/bonne.

Der Mathematiklehrer /
Der Mathelehrer verlangt viel.

Le professeur de mathématiques /
Le prof de maths demande
beaucoup de travail.

Die Englischlehrerin ist sehr nett.
(nett)

La professeur / La prof d'anglais est
très gentille. *(gentil/gentille)*

Im Juni mache ich meinen
Abschluss.

En juin, je vais passer
mon examen.

Nächstes Jahr mache ich mein
Abitur.

L'année prochaine, je vais passer
mon bac.

Unterrichtsfächer

*Ich bin ganz gut in Englisch /
in Französisch / in Deutsch.*

Je suis très bon/bonne en anglais /
en français / en allemand.

*Ich bin nicht gut in Physik /
in Chemie.*

Je ne suis pas bon/ne en physique /
en chimie.

*Ich bin eine absolute Niete
in Mathe / in Mathematik.*

Je suis complètement nul/nulle
en maths / en mathématiques.

*Philosophie / Französisch /
Geschichte gefällt mir sehr gut.*

La philosophie / Le français /
L'histoire me plaît beaucoup.

*Erdkunde / Mathe / Mathematik
mag ich nicht.*

Je n'aime pas la géographie /
les maths / les mathématiques.

Es fällt viel Unterricht aus

Es fällt viel Unterricht aus.

Souvent, il n'y a pas cours.

**Samstags haben wir keinen
Unterricht.**

Le samedi, nous n'avons pas cours.

*Seit vier Wochen haben wir kein
Physik.*

Depuis quatre semaines, nous
n'avons pas cours en physique.

Die Klassen sind zu groß.

Les classes sont trop grandes.

---

*Nachmittags können wir eine ganze
Reihe von Sachen machen.*

L'après-midi, on peut faire toutes
sortes d'activités.

Ich bin in einer Theater-AG.

Je suis dans un cours de théâtre.

Das ist ganz toll!

C'est génial!

Mittwochs habe ich eine Foto-AG.

Le mercredi, j'ai un cours de photo.

---

*Mein Sohn / Meine Tochter **hat
bis 16 Uhr Unterricht.***

Mon fils / Ma fille **a cours
jusqu'à seize heures.**

Er/Sie isst zu Mittag in der Schule.

A midi, il/elle mange à l'école.

**Er/Sie macht seine/ihre
Hausaufgaben in der Schule.**

Il/Elle fait ses devoirs à l'école.

Das finde ich sehr gut.

Je trouve ça très bien.

**Er/Sie kommt um 17 Uhr
nach Hause.**

Il/Elle rentre à dix-sept heures.

Im Mai war ich auf Klassenfahrt

Im Mai war ich auf Klassenfahrt.

En mai, je suis parti/e en voyage scolaire.

Wir sind nach London gefahren.

Nous sommes allés à Londres.

Das war sehr interessant.

C'était très intéressant.

Wir haben eine Stadtrundfahrt gemacht.

Nous avons fait une visite guidée en bus.

Wir haben alle möglichen Sehenswürdigkeiten besichtigt.

Nous avons visité toutes sortes de curiosités.

Wir haben viel Spaß gehabt.
(Spaß haben)

Nous nous sommes bien amusés.
(s'amuser)

Wir sind auch shoppen gegangen.

Nous avons fait aussi du shopping.

Ich habe mir eine Jeans gekauft.
(sich etw. kaufen)

Je me suis acheté un jean [dʒin].
(s'acheter qc)

Ich war auf einem Schüleraustausch

Ich war auf einem Schüler-austausch. *(teilnehmen an)*

J'ai participé à un échange scolaire. *(participer à)*

Wir haben eine Partnerschule in Chartres.

Nous avons une école jumelée à Chartres.

Chartres ist unsere Partnerstadt.

Chartres est notre ville jumelée.

Wir fahren jedes Jahr dahin.

Nous y allons chaque année.

Ich war schon zwei Mal dort.

J'y suis déjà allé/e deux fois.

Ich wohne bei meinem Briefpartner / bei meiner Briefpartnerin.

Je loge chez mon correspondant / chez ma correspondante.

Er/Sie kommt mich im August **besuchen.**
(jdn besuchen (kommen))

Il/Elle viendra *(fut.)* **me voir** en août [ut]. *(venir)*
(venir voir qn)

Er/Sie kommt für zwei Wochen zu mir.

Il/Elle viendra *(fut.)* chez moi pour deux semaines.

Ich besuche ihn/sie in den Osterferien.
(jdn besuchen (gehen))

Je vais le/la voir pendant les vacances de Pâques.
(aller voir qn)

Mein Französisch ist schon besser geworden. (Fortschritte machen)

J'ai déjà fait des progrès en français. *(faire des progrès)*

6.2 Ausbildung und Zukunftspläne

Was machst du nach der Schule?

Was machst du nach der Schule? — Qu'est-ce que tu fais après l'école?

Erlernst du einen Beruf? — Tu apprends un métier? *(apprendre)*

Ich weiß noch nicht, was ich werden will. — Je ne sais pas encore ce que je veux devenir.

Ich habe noch keine Ahnung (= genaue Vorstellung). — Je n'ai pas encore d'idée précise.

Ich möchte** Mechatroniker **werden. — **Je voudrais devenir** méchatronicien.

*Es ist gar nicht so leicht, **einen Ausbildungsplatz** zu **finden.*** — Il n'est pas facile du tout de **trouver une place d'apprenti.**

Ich habe noch keinen Ausbildungsplatz gefunden. — Je n'ai pas encore trouvé de place d'apprenti.

Ich habe mich bei verschiedenen Firmen beworben. — J'ai posé ma candidature dans différentes entreprises.

Man muss Beziehungen haben. — Il faut avoir des relations.

***Ich mache eine Ausbildung** (= Lehre) **als** Koch.* — **Je fais un apprentissage de** cuisinier.

Ich bin im ersten Ausbildungsjahr. — Je suis en première année d'apprentissage.

Die Ausbildung dauert drei Jahre. — **Mon apprentissage dure trois ans.**

Ich muss hart arbeiten. — Je dois travailler dur.

Aber das Arbeitsklima ist sehr gut. — Mais le climat au travail est très bon.

Mein Traumberuf

Ich möchte Krankenschwester werden. — Je voudrais devenir infirmière.

Das ist mein Traumberuf. — **C'est le métier de mes rêves.**

Ich pflege gerne Menschen. — J'aime soigner les gens.

Als Krankenschwester hat man gute Chancen, eine Stelle zu finden. — Comme infirmière, on a de bonnes chances de trouver un emploi.

Ich würde gern Stewardess werden. — J'aimerais devenir hôtesse de l'air.

Das ist mein Traum. — **C'est mon rêve.**

Man kommt in der Welt herum. — On voyage beaucoup.

Man lernt andere Länder kennen. — On connaît d'autres pays. *(connaître)*

Man verdient gut. — **On gagne bien sa vie.**

Aber ich weiß nicht, ob das realistisch ist. — Mais je ne sais pas si c'est réaliste.

Man muss das Abitur haben. — **Il faut avoir le bac.**

Man muss fließend Englisch sprechen sowie andere Sprachen. — Il faut parler couramment *(adv.)* anglais ainsi que d'autres langues.

Es ist schwierig, diesen Beruf mit dem Privatleben zu verbinden. — Il est difficile de concilier ce métier et sa vie privée.

Zukunftspläne und Zukunftsaussichten

Was sind deine Zukunftspläne? — **Quels sont tes projets d'avenir?**

Hast du konkrete Pläne für die Zukunft? — Tu as des projets concrets pour l'avenir?

Was hast du vor, beruflich? — **Qu'est-ce que tu veux faire comme métier?**

Das ist ein Beruf mit Zukunft. — C'est un métier d'avenir.

Da hast du gute Zukunftschancen. — Là, tu auras *(fut.)* de bonnes chances à l'avenir.

Ich mache eine Ausbildung als *Hotelfachfrau.* — **Je fais une formation de** manager [manadʒɛʀ] hôtellerie.

Es gefällt mir sehr gut. — Ça me plaît beaucoup.

Die Arbeit ist sehr abwechslungsreich. — Mon travail est très varié.

Nächstes Jahr mache ich mein Examen. — L'année prochaine, je passerai *(fut.)* mon examen.

Die Zukunftsaussichten sind nicht schlecht. — **Les perspectives d'avenir ne sont pas mauvaises.**

Man hat gute Aufstiegschancen. — On a de bonnes chances d'avancement.

Ich gehe wahrscheinlich ins Ausland arbeiten. — Je vais probablement *(adv.)* aller travailler à l'étranger.

Berufswünsche

Arzthelferin	assistante médicale
Bankkaufmann / Bankkauffrau	employé/e de banque diplômé/e
Elektroniker / Elektronikerin	électronicien / électronicienne
Erzieher / Erzieherin	éducateur / éducatrice
Friseur / Friseurin	coiffeur / coiffeuse
Hotelkaufmann / Hotelkauffrau	assistant/e manager hôtellerie
Koch / Köchin	cuisinier/ cuisinière
Kosmetikerin	esthéticienne
Krankenpfleger / Krankenschwester	infirmier / infirmière
Mechatroniker / Mechatronikerin	méchatronicien / méchatronicienne
Model	modèle-photo, modèle-mannequin
Pilot	pilote
Schauspieler / Schauspielerin	acteur / actrice
Stewardess	hôtesse de l'air
Tierarzthelferin	assistante vétérinaire

6.3 Studium

Ich studiere Physik

Ich will zuerst mein Abitur machen.	Je vais d'abord passer mon bac.
Danach studiere ich Physik.	**Après, je vais faire des études de physique.**
Die Zukunftsperspektiven sind sehr gut.	Les perspectives d'avenir sont très bonnes.
Als Physiker finde ich leicht eine Stelle.	**Comme physicien, je vais facilement** *(adv.)* **trouver un emploi.**
Naturwissenschaftler sind sehr gesucht.	Les scientifiques sont très recherchés.
Es gibt zu wenig Physiker.	Il y a trop peu de physiciens.

Das Studium ist sehr schwer.	**Les études sont très difficiles.**
Das Studium dauert sehr lange.	**Les études prennent beaucoup de temps.** *(prendre)*
Ich werde für ein Jahr in die USA gehen.	Je vais aller aux États-Unis pour un an.
Das erweitert meinen Horizont.	Ça va élargir mon horizon.

Das Studium ist nicht so einfach

Das Studium ist nicht so einfach (= ...macht Probleme).	**Les études posent des problèmes.**
Ich studiere BWL.	**Je fais des études de gestion.**
Ich studiere an der Uni München.	**J'étudie à l'université de Munich.**
Es gibt sehr viele Studenten in diesem Fachbereich.	Il y a un très grand nombre d'étudiants dans cette discipline.
Die Hörsäle sind total überfüllt.	Les salles sont bondées.
Wir sitzen auf dem Fußboden.	Nous sommes assis sur le plancher.
Das ist katastrophal.	C'est catastrophique.
Der Studiengang ist zu sehr verschult.	Les études sont trop scolaires.

Ich muss mein Studium selbst finanzieren.	**Je dois financer mes études moi-même.**
Ich habe einen Minijob in einem Industriebetrieb.	J'ai un mini-job dans une entreprise industrielle.
Meine Eltern finanzieren mir das Studium.	**Mes parents financent mes études.**
Ich bekomme Bafög, aber das reicht bei weitem nicht aus.	**J'ai une bourse, mais ça ne suffit pas du tout.**

Ich mache in einem Jahr Examen.	**Je passerai** *(fut.)* **mon examen dans un an.**
Ich muss noch viel für das Examen tun.	Je dois encore faire beaucoup pour mon examen.
Ich schreibe zur Zeit an meiner Diplomarbeit/Doktorarbeit.	En ce moment, j'écris mon mémoire / ma thèse. *(écrire)*

Studienmöglichkeiten

Physik studieren	faire des études de physique
Medizin studieren	faire des études de médecine
Jura studieren	faire des études de droit
Mathematik studieren	faire des études de mathématiques
Englisch studieren	faire des études d'anglais
Betriebswirtschaft studieren	faire des études de gestion
Publizistik studieren	faire des études de journalisme

7

Beruf und Arbeitswelt, Wirtschaft

7.1 Beruf und Arbeitswelt

Wir sind beide berufstätig

Wir sind beide berufstätig.
Nous travaillons tous les deux.

Meine Frau ist Ärztin.
Ma femme est médecin.

Sie arbeitet in einer großen Klinik.
Elle travaille dans un grand hôpital.

Sie hat einen stressigen Tag.
Elle a une journée stressante.

Sie ist völlig geschafft, wenn sie nach Hause kommt.
Elle est complètement *(adv.)* crevée quand elle rentre à la maison.

---

*Mein Mann **hat einen gut bezahlten Beruf.***
Mon mari **a un métier bien payé.**

Er ist Banker.
Il est banquier.

Er hat zurzeit einen schweren Job.
En ce moment, il a un job difficile.

Er hat Angst um seinen Arbeitsplatz.
Il a peur pour son emploi.

Seine Bank hat schon etliche Mitarbeiter entlassen.
Sa banque a déjà licencié plusieurs collaborateurs.

Mein Mann ist Architekt.
Mon mari est architecte.

Er hat *vor zwei Jahren* **seinen Arbeitsplatz verloren.**
Il a perdu son emploi il y a deux ans. *(perdre)*

Er war *zwei Jahre* **arbeitslos.**
Il a été au chômage pendant deux ans.

Vor kurzem hat er eine Teilzeitarbeit gefunden.
Il y a peu de temps, il a trouvé un travail à temps partiel.

Sein Job ist schlecht bezahlt.
Son job est mal payé.

Er verdient nicht viel.
Il ne gagne pas beaucoup d'argent.

Er hofft, bald wieder voll arbeiten zu können.
Il espère bientôt travailler à plein temps.

Meine Frau hat einen tollen Beruf.
Ma femme a un métier formidable.

Sie arbeitet als Hotelmanagerin.
Elle travaille comme manager hôtellerie.

Sie ist vor einem Jahr in die Babypause gegangen (= ... hat wegen ihres Babys aufgehört zu arbeiten).

Il y a un an, elle a arrêté de travailler à cause de son bébé.

Nach der Babypause will sie wieder in ihren Beruf zurückkehren.

Après la pause maternité, elle veut retourner au travail.

Sie will nicht länger zu Hause bleiben.

Elle ne veut pas rester à la maison plus longtemps.

*In der heutigen Zeit **verliert man schnell den Anschluss im Beruf.***

Aujourd'hui, **on perd vite le contact avec son métier.** *(perdre)*

Ich hatte viel Stress

Ich hatte einen guten Job.

J'avais un bon job.

Ich war Produktionschef in einem großen Unternehmen.

J'étais chef de production dans une grande entreprise.

Die Arbeit wurde immer mehr.

Mon travail a augmenté de plus en plus.

Ich hatte viel Stress.

J'avais beaucoup de stress.

Ich bin krank geworden.

Je suis tombé malade.

Ich hatte das Burn-out Syndrom.

J'ai fait un burn-out.

Ich war ein halbes Jahr in einer Klinik.

J'ai été dans une clinique pendant six mois.

Ich habe mich beruflich verändert.

J'ai changé de métier.

Es geht mir jetzt viel besser.

Maintenant, je vais beaucoup mieux.

Ich bin sehr zufrieden mit meinem Leben.

Je suis très content de ma vie.

Es ist nie zu spät, etwas Neues anzufangen.

Il n'est jamais trop tard de commencer quelque chose de nouveau.

Unsere Kinder haben es nicht leicht

Unsere Kinder haben es nicht leicht.

Nos enfants n'ont pas la belle vie.

Unsere Tochter ist Erzieherin.

Notre fille est éducatrice.

*Sie **hat** vor einem halben Jahr **ihre Ausbildung beendet.***	Elle **a terminé sa formation** il y a six mois.
Sie arbeitet in einer Kindertagesstätte / in einem Kindergarten.	Elle travaille dans une crèche / dans un jardin d'enfants.
Sie wollte schon immer Erzieherin werden.	Elle a toujours voulu devenir éducatrice.
Das war ihr Traumberuf.	C'était le métier de ses rêves.
Aber die Realität sieht ganz anders aus.	**Mais la réalité est complètement** *(adv.)* **différente.**
Sie muss sich um zu viele Kinder kümmern.	Elle doit s'occuper de trop d'enfants. *(devoir)*
Sie engagiert sich sehr.	Elle montre beaucoup d'engagement.
Sie hat ihren Idealismus nicht verloren.	**Elle n'a pas perdu son idéalisme.** *(perdre)*

Mein Sohn ist Koch.	Mon fils est cuisinier.
Er hat schon immer gern zu Hause gekocht.	Il a toujours aimé cuisiner à la maison.
Er hat seinen Traumberuf verwirklicht.	Il a réalisé le métier de ses rêves.
Er arbeitet in einem sehr guten Restaurant.	Il travaille dans un très bon restaurant.
Er muss viel arbeiten.	**Il doit beaucoup travailler.**
Er hat viel Verantwortung.	**Il a beaucoup de responsabilité.**
Seine Arbeit macht ihm sehr viel Spaß.	Son travail lui plaît beaucoup.

Berufe

Journalist / Journalistin	journaliste / journaliste
Informatiker / Informatikerin	informaticien / informaticienne
Rechtsanwalt / Rechtsanwältin	avocat / avocate
Ingenieur / Ingenieurin	ingénieur
Architekt / Architektin	architecte
Arzt / Ärztin	médecin
Zahnarzt / Zahnärztin	dentiste
Lehrer / Lehrerin	enseignant / enseignante
(Gymnasial-)Lehrer / Lehrerin	professeur
Psychologe / Psychologin	psychologue

7.2 Wirtschaft

Krise

Die Konjunktur ist nicht gut.	**La conjoncture n'est pas bonne.**
Mein Mann arbeitet in einer Elektronikfirma.	Mon mari travaille dans une entreprise électronique.
Im Moment haben sie noch genug Arbeit.	Pour le moment, ils ont assez de travail.
Die Zukunft sieht nicht gut aus.	Les perspectives d'avenir ne sont pas bonnes.
Die Aufträge brechen weg.	Les commandes baissent.
*Mein Mann **hat Angst, arbeitslos zu werden.***	Mon mari **a peur d'être au chômage.**
*In unserer Region **gibt es viele Arbeitslose.***	Dans notre région, **il y a beaucoup de chômeurs.**
Es ist sehr schwer, einen neuen Arbeitsplatz zu finden.	Il est très difficile de trouver un nouvel emploi.

---

*Meine Tochter **ist in Kurzarbeit.***	Ma fille **travaille à temps réduit.**
Ihre Firma hat schon einige Leute entlassen.	Son entreprise a déjà licencié plusieurs personnes.
Die momentane Situation ist nicht gut.	**La situation actuelle n'est pas bonne.**
Hoffentlich geht es bald wieder aufwärts. (sich verbessern)	J'espère que ça s'améliorera *(fut.)* bientôt. *(s'améliorer)*
Hoffentlich springt die Konjunktur wieder an.	J'espère que la conjoncture va s'améliorer.
Wir können noch zufrieden sein.	Nous pouvons être contents.
*In anderen Branchen **ist die Arbeitslosigkeit noch größer.***	Dans d'autres branches, **le chômage est plus élevé.**

Neuanfang

Ich habe 10 Jahre in der Modebranche gearbeitet.	J'ai travaillé dans la mode pendant dix ans.
Meine Firma hat vor einem Jahr Insolvenz angemeldet.	Il y a un an, mon entreprise a déclaré son insolvabilité.

Das war vor allem die Schuld der Manager.

C'étaient avant tout les managers qui étaient responsables de ça.

Wir haben einen neuen Investor gefunden.

Nous avons trouvé un nouvel investisseur.

Er hat 10 Millionen Euro investiert.

Il a investi dix millions d'euros.

Wir haben ein neues Management.

Nous avons un nouveau management.

Es ist sehr innovativ.

Il est très innovateur.

Die wirtschaftliche Lage hat sich gebessert.

La situation économique s'est améliorée.

Wir haben schon 20 neue Leute eingestellt.

Nous avons déjà embauché vingt personnes.

Hoffentlich bleibt das so.

J'espère que ça restera (fut.) **comme ça.**

8

Aktuelle gesellschaftliche Themen

8.1 Alleinerziehende und Kinderarmut

Ich bin Alleinerziehende.
Je suis parent isolé.

Ich habe zwei Kinder im Alter von fünf und drei Jahren.
J'ai deux enfants de cinq et trois ans.

Ich lebe von der Sozialhilfe.
Je vis de l'aide sociale. *(vivre)*

Ich würde gerne arbeiten.
J'aimerais bien travailler.

*Aber **ich finde keine Arbeit**.*
Mais **je ne trouve pas de travail.**

Ich habe nicht viel Geld.
Je n'ai pas beaucoup d'argent.

Die Kinder müssen auf vieles verzichten.
Mes enfants doivent renoncer à beaucoup de choses. *(devoir)*

Sie können nicht immer haben, was sie wollen.
Ils ne peuvent pas toujours avoir ce qu'ils veulent. *(pouvoir) (vouloir)*

Das macht mich sehr traurig.
(traurig machen)
Ça me rend très triste.
(rendre triste)

Mein Sohn würde gern im Verein Fußball spielen.
Mon fils aimerait bien jouer au foot en club [klœb].

*Aber **finanziell ist das nicht drin**.*
Mais **financièrement, ça ne va pas.**

8.2 Krippenplätze

Es gibt viel zu wenig Krippenplätze.
Il y a beaucoup trop peu de places à la crèche.

Ich musste lange auf einen Krippenplatz warten.
J'ai dû attendre longtemps pour avoir une place à la crèche. *(devoir)*

Ich bin froh, endlich einen Krippenplatz zu haben.
Je suis heureuse d'avoir enfin une place à la crèche. *(heureux/heureuse)*

Für mich ist das eine große Erleichterung.
Je suis très soulagée.

Ich weiß, dass mein Kind gut untergebracht ist.
(sich kümmern um)
Je sais qu'on s'occupe très bien de mon enfant.
(s'occuper de)

Ich kann dann ohne Sorgen arbeiten gehen.
Comme ça, je peux aller travailler sans avoir de souci.

Ich bringe meinen Sohn / meine Tochter um sieben Uhr morgens zur Kita.	**J'amène mon fils / ma fille à la crèche** à sept heures du matin. *(amener)*
Ich hole ihn/sie am Abend nach der Arbeit wieder ab.	**Je viens le/la chercher** le soir, après mon travail.
Für mich ist das sehr praktisch.	**Pour moi, c'est très pratique.**
Er/Sie hat dann schon in der Kita gegessen.	Il/Elle a déjà mangé à la crèche.
So habe ich mehr Zeit für ihn / für sie.	Comme ça, j'ai plus de temps pour lui / pour elle.

8.3 Bildung

Eine gute Ausbildung ist sehr wichtig.	Il est très important d'avoir une bonne formation.
Man muss sich immer weiterbilden.	Il faut toujours se perfectionner.
Man muss flexibel sein.	**Il faut être flexible.**
Alles ändert sich sehr schnell.	**Tout change très vite.**
Man muss für das Neue offen sein.	Il faut être ouvert aux nouvelles choses.
Das ist nicht immer leicht.	Ce n'est pas toujours facile.
Es wird heute viel mehr von einem verlangt.	Aujourd'hui, on attend beaucoup plus de chacun. *(attendre)*

Meine Tochter lernt schon im Kindergarten Englisch.	Ma fille apprend l'anglais au jardin d'enfants. *(apprendre)*
Ich finde das ganz toll!	**Je trouve ça super**!
Die Kinder lernen sehr schnell in diesem Alter.	Les enfants apprennent très vite à cet âge.

---

*In der Schule **fällt zu viel Unterricht aus**.*	Très souvent, **il n'y a pas cours** à l'école.
Es gibt zu wenig Lehrer.	**Il y a trop peu de professeurs.**
Die Klassen sind zu groß.	**Les classes sont trop grandes.**

Die Lehrer können sich nicht um jeden Schüler kümmern.	Les professeurs ne peuvent pas s'occuper de chaque élève.
Das kann so nicht weitergehen.	Ça ne peut pas continuer comme ça.
Das muss man unbedingt ändern.	Il faut absolument changer cela.

8.4 Gewalt und Drogen

Die Gewalt nimmt immer mehr zu.	**La violence augmente de plus en plus.**
Das fängt schon in der Schule an.	Ça commence déjà à l'école.
Die Schüler werden immer aggressiver.	Les élèves sont de plus en plus agressifs.
Das ist ein großes Problem.	**C'est un gros problème.**

Es gibt immer mehr gewaltbereite Jugendliche.	Il y a de plus en plus de jeunes qui sont violents.
Sie greifen ohne Grund andere Menschen an.	**Ils attaquent sans raison d'autres personnes.**
Das ist bei uns vor einer Woche auch passiert.	Ça s'est passé chez nous il y a une semaine.
Da haben zwei Jugendliche einen älteren Mann zusammengeschlagen.	Deux jeunes ont assommé un homme âgé.
Man fühlt sich nicht mehr sicher.	On ne se sent plus en sécurité. *(se sentir)*
Was kann man dagegen tun?	Qu'est-ce qu'on peut faire contre ça?
Die Polizei kann auch nicht überall sein.	La police ne peut pas être partout.

Die Jugendlichen trinken viel zu viel Alkohol.	**Les jeunes boivent beaucoup trop d'alcool.**
Sie wissen dann nicht mehr, was sie tun.	Comme ça, ils ne savent plus ce qu'ils font. *(savoir) (faire)*
Die Drogen spielen immer noch eine große Rolle.	Les drogues jouent toujours un grand rôle.

Das ist sogar in der Schule meines Sohnes so.	C'est comme ça même à l'école de mon fils.
Es gibt Schüler, die regelmäßig Drogen nehmen.	**Il y a des élèves qui se droguent régulièrement** *(adv.).*
Man hat einen Mitschüler erwischt, der Drogen verkaufte.	On a pris un élève qui vendait des drogues. *(prendre) (vendre)*
Das war ein großer Schock für mich.	Ça a été un grand choc pour moi.
Wir müssen noch besser aufpassen.	Il faut mieux faire attention.

8.5 Integration und Rassismus

Ich kenne eine türkische Familie.	Je connais une famille turque. *(connaître)*
Sie haben sich gut integriert.	**Ils se sont bien intégrés.** *(s'intégrer)*
Sie sprechen sehr gut Deutsch.	Ils parlent très bien allemand.

In unserem Viertel leben viele Ausländer.	Dans notre quartier, il y a beaucoup d'étrangers.
Das sind vor allem Türken.	Ce sont surtout des Turcs.
Manche leben völlig unter sich.	Certains vivent complètement *(adv.)* entre eux. *(vivre)*
Sie wollen keinen Kontakt.	**Ils ne veulent pas de contact.**
Sie sprechen oft kein Deutsch.	Souvent, il ne parlent pas allemand.
Sie wollen sich nicht integrieren.	**Ils ne veulent pas s'intégrer.**
Es ist schwer, mit ihnen in Kontakt zu kommen.	Il est difficile d'entrer en contact avec eux.

In meinem Freundeskreis gibt es auch einige Ausländer.	Parmi mes amis, il y a aussi des étrangers.
Wir verstehen uns alle sehr gut untereinander.	Nous nous entendons tous très bien. *(s'entendre)*
Jeder akzeptiert den anderen wie er ist.	**Chacun accepte l'autre comme il est.**
Wenn es etwas zu feiern gibt, machen wir das gemeinsam.	Quand nous avons une fête, nous faisons cela en commun. *(faire)*

Das ist eine schöne Sache.	**C'est une bonne chose.**
Man lernt die Kultur des anderen besser kennen.	On connaît mieux la civilisation de l'autre. *(connaître)*
Bei uns gibt es keine Integrationsprobleme.	**Chez nous, il n'y a pas de problèmes d'intégration.**
Die Ausländer fühlen sich sehr wohl bei uns.	Les étrangers se sentent très bien chez nous. *(se sentir)*

Es gibt immer noch einen gewissen Rassismus.	Il y a toujours un certain racisme.
Es gibt immer wieder Überfälle auf Ausländer.	**Il y a toujours des attaques contre des étrangers.**
Das sind vor allem Jugendliche, die das machen.	Ce sont surtout des jeunes qui font cela. *(faire)*
Sie sind mit ihrem Leben unzufrieden.	**Ils ne sont pas contents de leur vie.**
Sie haben keine Arbeit.	**Ils n'ont pas de travail.**
Sie haben keine Zukunftsperspektive.	**Ils n'ont pas de perspective d'avenir.**
Aber das kann keine Entschuldigung sein.	Mais ça ne peut pas être une excuse.
Sie sind meist rechtsradikal.	Ils sont le plus souvent d'extrême droite.

Vor kurzem hat einer einen Nigerianer angegriffen.	Il y a peu de temps, un jeune a attaqué un Nigérien.
Er hat ihn schwer verletzt.	Il l'a gravement *(adv.)* blessé.
Es ist sehr schwer, dieses Problem zu lösen.	Il est très difficile de résoudre ce problème.

8.6 Demographischer Wandel

Die Menschen werden immer älter.	**Les personnes sont de plus en plus âgées.**
Es gibt immer mehr alte Menschen.	**Il y a de plus en plus de personnes âgées.**

Das ist ein großes Problem für die Sozialsysteme.

C'est un gros problème pour les systèmes sociaux.
(social/e; m. pl.: sociaux)

Wie soll man das alles finanzieren?

Comment financer tout cela?

Die nachfolgende Generation wird finanziell zu stark belastet.

La génération suivante a trop de charges financières.

Es gibt immer weniger junge Menschen.

Il y a de moins en moins de jeunes gens.

Die Geburtenzahl sinkt immer weiter.

La natalité baisse de plus en plus.

Die jüngere Generation kann das nicht mehr leisten.

La jeune génération ne peut plus faire cela.

Die Renten reichen nicht aus.

Les pensions de retraite ne suffisent pas. *(suffire)*

Die Renten sind zu niedrig.

Les pensions de retraite sont trop basses. *(bas/basse)*

Man kann den Lebensstandard nicht mehr halten.

On ne peut plus garder son niveau de vie.

Die jungen Menschen müssen selbst für ihr Alter vorsorgen *(= sparen).*

Les jeunes doivent économiser eux-mêmes pour leur vieillesse.

Mein Sohn verdient nicht genug.

Mon fils ne gagne pas assez d'argent.

Er kann kein Geld zurücklegen.

Il ne peut pas mettre d'argent de côté.

Er hat Angst vor der Zukunft.

Il a peur de l'avenir.

Es gibt viele, die in dieser Situation sind.

Il y a beaucoup de personnes qui sont dans cette situation.

Das ist ein großes Problem für die Zukunft.

C'est un gros problème pour l'avenir.

8.7 Jung und Alt

Ich finde es schön, wenn sich Jung und Alt gut verstehen.

C'est bien si jeunes et vieux s'entendent bien. *(s'entendre)*

Jeder muss den anderen respektieren.

Chacun doit respecter l'autre.

Man muss tolerant sein.

Il faut être tolérant.

Dann profitieren alle davon.

Comme ça, tout le monde en profite.

Ich kann ohne schlechtes Gewissen arbeiten gehen.

Je peux aller travailler sans avoir mauvaise conscience.

Nach der Schule gehen meine Kinder zu Oma und Opa.

Après l'école, mes enfants vont chez mamie et papi.

Meine Mutter hilft mir im Haushalt.

Ma mère m'aide à faire le ménage.

Mein Vater hat meiner Tochter das Radfahren beigebracht.

Mon père a appris à ma fille à faire du vélo. *(apprendre)*

Er unternimmt viel mit meinen Kindern.

Il fait beaucoup d'activités avec mes enfants.

Das tut meinen Eltern gut.

C'est bien pour mes parents.

So bleiben sie jung und fit.

Comme ça, ils restent jeunes et en forme.

Meine Großeltern sind noch recht fit.

Mes grands-parents sont encore en pleine forme.

Ich kann mit jedem Problem zu ihnen kommen.

Je peux leur parler de tous mes problèmes.

Sie haben immer Zeit für mich.

Ils ont toujours du temps pour moi.

Wir können viel voneinander lernen.
(von jdm lernen)

Nous pouvons beaucoup apprendre les uns des autres.
(apprendre de qn)

8.8 Pflegesituation

Mein Vater ist in einem Senioren- wohnheim.

Mon père est dans une maison de retraite.

Er fühlt sich dort sehr wohl.

Il se sent très bien là-bas. *(se sentir)*

Ich gehe ihn oft besuchen.
(jdn besuchen (gehen))

Je vais souvent le voir.
(aller voir qn)

Da ist wirklich eine sehr nette Atmosphäre.	Là, il y a vraiment une ambiance très agréable.
Das Personal ist sehr freundlich und sehr engagiert.	Le personnel est très gentil et montre beaucoup d'engagement.
Das Gemeinschaftsleben spielt eine große Rolle.	La vie de groupe joue un grand rôle.
Sie werden animiert, das zu tun, was ihnen Spaß macht.	On les invite à faire ce qui leur fait plaisir.

Meine Mutter ist in einem Pflegeheim.	**Ma mère est dans une maison de retraite médicalisée.**
Sie braucht viel Unterstützung.	Elle a besoin de beaucoup d'aide.
Ich habe sie fünf Jahre zu Hause gepflegt.	**Je l'ai soignée à la maison pendant cinq ans.**
Aber dann konnte ich nicht mehr.	**Mais enfin, je n'ai plus pu le faire.** *(pouvoir)*
Es war zu viel für mich.	C'était trop pour moi.
Die Pflegekräfte müssen wirklich hart arbeiten.	Les soignants doivent vraiment travailler dur. *(devoir)*
Sie haben zu wenig Zeit, *sich um jeden Einzelnen zu kümmern.*	**Ils ont trop peu de temps** pour s'occuper de chacun.
Das ist keine gute Situation.	**Ce n'est pas une bonne situation.**

8.9 Natur, Umwelt, Energie

Klimawandel

Zurzeit spielt das Wetter verrückt.	En ce moment, le temps est détraqué.
Das Wetter ist nicht mehr so wie früher.	**Le temps n'est plus comme avant.**
Wir hatten in der letzten Zeit mehrere schwere Gewitter / mehrere starke Stürme.	Ces derniers temps, nous avons eu plusieurs gros orages / plusieurs tempêtes graves.
Bei uns ***hat es*** *letzte Woche* ***wie verrückt geregnet.*** *(regnen)*	Chez nous, la semaine dernière, **il a plu comme un fou.** *(pleuvoir)*

Sogar unser Keller ist voll gelaufen. (sich füllen mit)

Même notre cave s'est remplie d'eau. *(se remplir de)*

Das hatten wir noch nie.

Nous n'avons jamais eu ça.

Das ist der Klimawandel.

C'est le changement climatique.

Das Klima hat sich stark verändert.

Le climat a beaucoup changé.

Natur und Umwelt

Mein Sohn setzt sich sehr für die Natur ein.

Mon fils s'engage beaucoup pour la nature.

Der Umweltschutz ist ihm sehr wichtig.

La protection de l'environnement lui est très important.

Er ist in einer Umweltschutz-AG.

Il participe à un groupe écologique.

Sie machen Maßnahmen zum Umweltschutz.

Ils font des activités écologiques.

Sie haben vor kurzem ein Biotop angelegt.

Il y a peu de temps, ils ont aménagé un biotope.

Ökologische Landwirtschaft

Ich kaufe vor allem Bioprodukte.

Moi, j'achète surtout des produits bio.

Da weiß ich, was ich habe.

Comme ça, je sais ce que j'ai.

In unserer Nähe gibt es einen Biobauern.

Il y a un paysan bio près de chez nous.

Ich kaufe bei ihm das meiste Gemüse.

Chez lui, j'achète la plupart de mes légumes.

Er ist gegen die gentechnische Veränderung.

Il est contre la modification génétique.

Ich bin gegen die Gentechnik.

Je suis contre le génie génétique.

Mir macht die Gentechnik auch Angst.

Le génie génétique me fait peur, à moi aussi.

Ich kaufe keine gentechnisch veränderten Produkte.

Moi, je n'achète pas de produits génétiquement *(adv.)* modifiés.

Energie

Ich fahre nicht mehr so viel
   mit dem Auto.

Je prends ma voiture
   beaucoup moins souvent.

Das ist besser für die Umwelt.

C'est mieux pour l'environnement.

Ich kaufe mir demnächst
   ein sparsameres Auto.

Je vais m'acheter
   prochainement *(adv.)* **une
   voiture plus économique.**

Vielleicht kaufe ich mir **ein
   Hybridauto / ein Elektroauto.**

Peut-être que je m'achète
   une voiture hybride [ibrid] /
   une voiture électrique.

Wir haben unsere ganzen
   Glühbirnen ausgetauscht.

Nous avons échangé toutes nos
   ampoules.

Wir haben nur noch Energie-
   sparlampen.

Nous avons uniquement des lampes
   à économie d'énergie.

Da sparen wir viel Strom.

**Comme ça, nous économisons
   beaucoup d'électricité.**

Wir haben unsere Heizung
   umgestellt.

Nous avons changé notre
   chauffage.

Wir haben eine Photovoltaik-
   anlage.

Nous avons une installation
   photovoltaïque.

Die Solarenergie ist sauber und
   umweltfreundlich.

L'énergie solaire est propre
   et non polluante.

In unserer Nähe **gibt es eine Menge
   Windkraftanlagen.**

Près de chez nous, **il y a pas mal
   d'éoliennes.**

Besonders schön sind sie nicht
   gerade.

Elles ne sont vraiment pas belles.

Die erneuerbaren Energien sind
   die Zukunft.

Les énergies renouvelables sont
   l'avenir.

Da bin ich mir sicher.

Là, j'en suis sûr/e.

Man muss schon sagen, dass
   die Kernenergie gefährlich ist.

Il faut bien dire que l'énergie
   nucléaire est dangereuse.

Wohin mit den radioaktiven
   Abfällen?

Où stocker les déchets radioactifs?

9

E-Mails

Cher Pierre,

Merci beaucoup pour le cadeau que tu m'as envoyé pour mon anniversaire. Tu as bien trouvé ce qui me plaît. Qui t'a dit que je m'intéresse à cela depuis longtemps? Ton livre m'a vraiment fait très plaisir.

En ce moment, j'ai beaucoup de travail à faire. Quand j'aurai un peu de temps, je t'écrirai plus longuement.

Amicalement, et merci encore.

Hans-Jürgen

Lieber Pierre,

vielen Dank für das Geschenk, das du mir zum Geburtstag geschickt hast. Du hast genau meinen Geschmack getroffen. Woher wusstest du, dass ich mich schon lange dafür interessiere? Du hast mir mit deinem Buch wirklich eine große Freude gemacht.

Im Moment habe ich beruflich viel zu tun. Sobald ich etwas Zeit habe, melde ich mich wieder.

Herzlichen Gruß und nochmals danke.

Hans-Jürgen

Chère Valérie,

Merci beaucoup pour ta gentille lettre. Tu es très sympa de m'inviter pour les vacances de Pâques, mais j'aimerais mieux venir passer quelques jours chez vous pendant les vacances d'été, c'est plus pratique. J'ai parlé à mes parents. Si tu as envie, tu peux venir chez nous pour deux semaines, à Pâques. Les vacances de Pâques durent du 6 au 18 avril. Qu'est-ce que tu en penses?

Ici, il fait mauvais. Moi, j'ai eu un petit rhume, ce n'est pas étonnant par ce temps. Et toi, comment vas-tu? J'espère que tout va bien pour toi et ta famille.

Amitiés de mes parents et de mon frère Andreas.
Donne le bonjour à tes parents.

Ecris-moi vite!

Je t'embrasse fort.

Marion

Liebe Valérie,

vielen Dank für deinen lieben Brief. Es ist sehr nett von dir, dass du mich für die Osterferien einlädst, aber ich würde lieber in den Sommerferien für einige Tage zu euch kommen. Das ist praktischer. Ich habe mit meinen Eltern gesprochen. Wenn du Lust hast, kannst du Ostern für zwei Wochen zu uns kommen. Die Osterferien dauern vom 6. – 18. April. Was meinst du dazu?

Hier ist schlechtes Wetter. Ich habe mich leicht erkältet, das ist bei diesem Wetter auch kein Wunder. Und du, wie geht es dir? Ich hoffe, bei dir und deiner Familie ist alles ok.

Herzliche Grüße von meinen Eltern und meinem Bruder Andreas. Schönen Gruß an deine Eltern.

Lass bald was von dir hören!

Herzliche Grüße und Küsse.

Marion

Office de Tourisme
Tours

112

> *Ingeborg Richter*
> *Brückenstr. 104*
> *D-01307 Dresden*

Mesdames, Messieurs,

J'ai l'intention de passer mes vacances dans votre région. Auriez-vous l'amabilité de m'adresser une documentation sur les sites à visiter et les loisirs qu'on peut pratiquer.

Je vous serais reconnaissante de bien vouloir m'envoyer aussi une liste des hôtels, villages de vacances et campings.

En vous remerciant d'avance, je vous prie d'agréer, Mesdames, Messieurs, l'expression de mes salutations distinguées.

> *Ingeborg Richter*

Verkehrsamt
Tours

Ingeborg Richter
Brückenstr. 104
D-01307 Dresden

Sehr geehrte Damen und Herren,

ich beabsichtige, meinen Urlaub in Ihrer Region zu verbringen. Würden Sie mir freundlicherweise Informationsmaterial über die Sehenswürdigkeiten und das Angebot an Freizeitaktivitäten übersenden.

Ich wäre Ihnen dankbar, wenn Sie mir auch ein Verzeichnis der Hotels, Feriendörfer und Campingplätze zusenden würden.

Ich danke Ihnen im Voraus.

Mit freundlichen Grüßen

Ingeborg Richter

Hôtel Europe
Chartres

Heinz Böhm
Florastr. 78
D-53123 Bonn

Mesdames, Messieurs,

J'ai réservé une chambre à deux lits pour la période du 3 au 7 mai. Malheureusement, j'ai eu un contretemps. C'est pourquoi je vous demande d'annuler ma reservation.

Je vous prie d'agréer, Mesdames, Messieurs, l'expression de mes salutations distinguées.

Heinz Böhm

Hôtel Europe
Chartres

> *Heinz Böhm*
> *Florastr. 78*
> *D-53123 Bonn*

Sehr geehrte Damen und Herren,

ich habe ein Doppelzimmer vom 3. – 7. Mai reserviert. Leider ist mir kurzfristig etwas dazwischengekommen. Deshalb möchte ich Sie bitten, meine Reservierung zu stornieren.

Mit freundlichen Grüßen

> *Heinz Böhm*

Mesdames, Messieurs,

Le 20 septembre, je vous ai commandé le livre «Chemins mystérieux» que je viens de recevoir.

Or, j'ai constaté que la couverture était endommagée. Je vous retournerai donc ce livre et je vous demande de me livrer le plus vite possible un nouvel exemplaire.

Veuillez agréer, Mesdames, Messieurs, mes salutations distinguées.

Ralf Berger

Sehr geehrte Damen und Herren,

am 20. September habe ich bei Ihnen das Buch „Chemins mystérieux" bestellt, das ich soeben erhalten habe.

Ich habe nun festgestellt, dass der Umschlag beschädigt ist. Somit schicke ich Ihnen das Buch wieder zurück und bitte Sie, mir möglichst schnell ein neues Exemplar zu liefern.

Mit freundlichen Grüßen

Ralf Berger

10

Briefe

Ma chère Martine,

J'avais envie de te téléphoner ... finalement, je préfère t'écrire.
Je suis tellement stressée que je n'avais pas le temps de te choisir
un cadeau qui pourrait te plaire. Je pensais que c'était une bonne idée
de t'offrir un bon pour un week-end bien-être. J'espère que cela te faira
plaisir.

Pour moi, tout va pour le mieux. J'espère que tu vas bien. J'attends
de tes nouvelles. Pourquoi ne pas venir passer quelques jours avec moi
cet été?

Je te souhaite un joyeux anniversaire.

Je t'embrasse très fort.

Karin

Liebe Martine,

ich wollte dich ursprünglich anrufen ... aber schließlich will ich dir lieber schreiben. Ich bin so im Stress, dass ich keine Zeit hatte, für dich ein passendes Geschenk auszusuchen. Ich dachte, es wäre eine gute Idee, dir einen Gutschein für ein Wellness-Wochenende zu schenken. Ich hoffe, du freust dich darüber.

Bei mir ist alles in Ordnung. Ich hoffe, es geht dir gut. Lass mal wieder etwas von dir hören. Du könntest doch mal diesen Sommer für einige Tage zu mir kommen.

Ich wünsche dir einen fröhlichen Geburtstag.

Herzliche Grüße und Küsse

Karin

Monsieur,

Olivier Botrel, un partenaire en affaires de mon ami m'a donné votre adresse. Il m'a dit que vous pourriez peut-être m'aider.

Mon fils Michael, âgé de 16 ans, cherche un correspondant français. Il apprend le français depuis deux ans. Peut-être que vous connaissez un jeune de son âge qui aimerait correspondre avec mon fils en français ou en allemand. Ainsi, il y aura sûrement la possibilité de se voir et de connaître la famille de son correspondant.

Ma famille serait très heureuse d'accueillir chez nous un jeune Français qui aime améliorer son allemand.

Nous vous serions très reconnaissants de nous communiquer l'adresse d'une famille française intéressée par cet échange.

Dans l'attente de votre réponse, je vous prie d'agréer, Monsieur, l'expression de mes sentiments distingués.

Jörg Schmidt

Sehr geehrter Herr ...,

Olivier Botrel, ein Geschäftspartner meines Freundes, hat mir Ihre Adresse gegeben. Er sagte mir, Sie könnten mir vielleicht behilflich sein.

Mein 16-jähriger Sohn Michael sucht einen französischen Brieffreund. Er lernt seit zwei Jahren Französisch. Vielleicht kennen Sie einen Jugendlichen in seinem Alter, der sich gern mit meinem Sohn auf Französisch oder Deutsch schreiben würde. Dann ergibt sich sicherlich auch die Möglichkeit, sich gegenseitig zu besuchen und die Familie des Brieffreundes kennen zu lernen.

Meine Familie würde sich sehr darüber freuen, bei uns einen französischen Jugendlichen aufzunehmen, der sein Deutsch verbessern möchte.

Wir wären Ihnen sehr dankbar, wenn Sie uns die Adresse einer französischen Familie mitteilen würden, die an diesem Austausch interessiert wäre.

In Erwartung Ihrer Antwort verbleibe ich mit freundlichen Grüßen

Jörg Schmidt

Berlin, le 15 août

Chère Madame,

Cher Monsieur,

Ça fait trois jours que je suis rentrée de France.

Je vous remercie encore une fois de m'avoir si bien accueillie dans votre famille. Ça m'a beaucoup plu d'être avec vous. Malheureusement, le temps a passé beaucoup trop vite. Mes parents étaient très curieux de savoir ce que j'avais fait à Tours. Je me souviens encore très bien de notre excursion au château de Chambord. Je vais longtemps penser aux beaux jours que j'ai passés chez vous.

Mes parents et moi serions heureux si vous veniez nous voir un jour.

Amitiés de mes parents. Donnez le bonjour à Nicole.

Cordialement

Heike

Berlin, den 15. August

Liebe Frau ...,
Lieber Herr ...,

es ist nun schon drei Tage her, dass ich aus Frankreich zurück bin.

Ich möchte mich noch einmal bei Ihnen bedanken, dass Sie mich so nett in Ihrer Familie aufgenommen haben. Ich habe mich bei Ihnen sehr wohl gefühlt. Leider ging die Zeit viel zu schnell vorüber. Meine Eltern waren sehr neugierig, was ich alles in Tours erlebt habe. Ich erinnere mich noch sehr gut an unseren Ausflug zum Schloss von Chambord. Ich werde noch lange an die schönen Tage zurückdenken, die ich bei Ihnen verbracht habe.

Meine Eltern und ich würden uns freuen, wenn Sie uns einmal besuchen würden.

Herzliche Grüße von meinen Eltern. Schönen Gruß an Nicole.

Herzliche Grüße

Heike

Darmstadt, le 14 septembre 2009

Chère Madame,

Je viens de lire votre annonce dans le journal «Frankfurter Allgemeine» du 11 septembre. Je suis très intéressée par l'emploi de jeune fille au pair que vous offrez dans votre famille.

J'ai 18 ans. Il y a trois mois, j'ai passé mon baccalauréat. J'apprends le français depuis quatre ans. J'ai l'intention de faire des études de langues pour devenir interprète.

Mon père est ingénieur, et ma mère travaille dans un grand hôpital comme infirmière d'opération. J'ai deux sœurs et un frère.

J'ai une grande expérience des enfants. Pour aider ma mère, j'ai dû m'occuper longtemps de ma petite sœur. En plus, j'ai souvent fait du baby-sitting chez des voisins.

Si la place au pair est encore libre, je vous serais très reconnaissante de bien vouloir me communiquer les détails concernant mon séjour chez vous et mon travail à faire.

Dans l'attente de votre réponse, je vous prie d'agréer, chère Madame, l'expression de mes salutations distingées.

Cornelia Jung

Darmstadt, den 14. 09. 2009

Liebe Frau ...,

soeben habe ich Ihre Anzeige in der „Frankfurter Allgemeinen" vom 11. September gelesen. Ich bin sehr an der Au-pair-Stelle in Ihrer Familie interessiert.

Ich bin 18 Jahre alt. Vor drei Monaten habe ich mein Abitur gemacht. Ich lerne seit vier Jahren Französisch. Ich beabsichtige, Sprachen zu studieren, um Dolmetscherin zu werden.

Mein Vater ist Ingenieur. Meine Mutter arbeitet in einer großen Klinik als OP-Schwester. Ich habe zwei Schwestern und einen Bruder.

Ich kann gut mit Kindern umgehen. Um meine Mutter zu unterstützen, musste ich mich lange Zeit um meine kleine Schwester kümmern. Außerdem habe ich oft bei Nachbarn Babysitting gemacht.

Falls die Au-pair-Stelle noch frei ist, wäre ich Ihnen sehr dankbar, wenn Sie mir die Einzelheiten über meinen Aufenthalt bei Ihnen und meine Arbeit mitteilen würden.

In Erwartung Ihrer Antwort verbleibe ich mit freundlichen Grüßen

Cornelia Jung

Wilfried Langner
Sophienstr. 34
D-77652 Offenburg

Dupont International
7, rue de Seine
F-75006 Paris

Offenburg, le 18 février 2009

Objet: candidature au poste de chef de produit

Madame, Monsieur,

Me référant à l'annonce parue dans «Die Zeit» (Réf.: E428-RS), je me permets de poser ma candidature au poste de chef de produit dans votre entreprise.

En raison de ma formation et de mes activités professionnelles dans le domaine du management de la communication, je suis en mesure de mettre au service de votre groupe international mes connaissances du marketing et mes expériences dans le secteur de la communication.

Les stages passés pendant mes études m'ont amené à élaborer des plans marketing et à organiser des opérations de promotion.

Pendant mes activités chez «Mavies» et chez «Burda Média», j'ai pu développer mes compétences dans le domaine de la gestion de projets. J'ai contribué à lancer de nouveaux produits en assumant la responsabilité des ventes et de la gestion financière. J'ai une bonne connaissance de l'informatique.

Vous trouverez ci-joint mon CV, une photo et des copies de mes diplômes.

Rigoureux, déterminé et aimant travailler en équipe, je me tiens à votre disposition pour pouvoir vous rencontrer et vous convaincre de ma motivation et de mes compétences.

Dans l'attente de votre réponse, je vous prie d'agréer, Madame, Monsieur, l'expression de mes salutations distinguées.

Wilfried Langner

P.J: curriculum vitae
photo et copies de diplômes

Dupont International
7, rue de Seine
F-75006 Paris

Wilfried Langner
Sophienstr. 34
D-77652 Offenburg

Offenburg, den 18. Februar 2009

Bewerbung um die Stelle eines Produktleiters

Sehr geehrte Dame, sehr geehrter Herr,

Bezug nehmend auf Ihr Stellenangebot in „Die Zeit" (Ref.: E428-RS) möchte ich mich hiermit um die Stelle eines Produktleiters in Ihrem Unternehmen bewerben.

Aufgrund meiner Ausbildung und beruflichen Tätigkeit im Bereich Medienmanagement bin ich in der Lage, meine Marketingkenntnisse sowie meine Erfahrungen im Medienbereich in Ihren internationalen Konzern einzubringen.

In den Praktika, die ich während meines Studiums absolviert habe, hatte ich Gelegenheit, Marketingpläne auszuarbeiten und verkaufsfördernde Aktionen durchzuführen.

Während meiner Tätigkeit bei MAVIES und BURDA MEDIA konnte ich meine Fähigkeiten im Bereich der Projektentwicklung unter Beweis stellen. Ich habe an der Einführung neuer Produkte mitgewirkt, wobei mir die Verantwortung für den Absatz und die Finanzplanung übertragen wurde. Ich besitze gute Informatikkenntnisse.

In der Anlage erhalten Sie meinen Lebenslauf, ein Foto sowie Kopien meiner Zeugnisse.

Gewissenhaft und entschlussfreudig lege ich großen Wert auf Teamarbeit. Es würde mich freuen, wenn ich Sie in einem persönlichen Gespräch von meiner Motivation und meiner Kompetenz überzeugen könnte.

Ich freue mich auf Ihre Antwort.

Mit freundlichen Grüßen

Wilfried Langner

P.J: Lebenslauf
      Foto und Zeugniskopien

Wilfried Langner
Sophienstr. 34
D-77652 Offenburg
Né le 27 octobre 1982 à Heilbronn
Tél.: 0049-(0)781-4195
E-mail: w.langner@web.de

FORMATION

2005	Diplôme
2004	Stage de 6 mois dans l'entreprise de communication EVOLUZIONE MEDIA, Munich
2002	Stage de 3 mois dans un groupe de presse en province, Heilbronn
2000 – 2005	Etudes du management de la communication, Université de Mayence
2000	Baccalauréat

Langues

Allemand: langue maternelle
Anglais: scolaire
Français: courant (un an à Grenoble)
Espagnol: notions

Connaissances informatiques

Utilisation de Word, XPress, Excel, Publisher,
InDesign, PowerPoint

EXPERIENCE PROFESSIONNELLE

2007 – 2009   **Editions BURDA MEDIA, Offenburg**

Manager du marketing et du développement

- Calcul de la rentabilité de la création de nouveaux produits en Europe de l'Est
- Responsable d'une augmentation des ventes d'un nouveau magazine de loisirs créatifs de 25% en 2007

2005 – 2007   **MAVIES, société de production d'audiovisuels, Nuremberg**

Assistant de production

- Conception et réalisation de lettres d'information destinées à la clientèle
- Participation à une étude sur la possibilité d'un élargissement de l'entreprise dans d'autres pays européens

Centres d'intérêts

Tennis
Aide bénévole à la Croix-Rouge

Wilfried Langner
Sophienstr. 34
D-77652 Offenburg
geb. am 27 Oktober 1982 in Heilbronn
Tel.: 0049-(0)781-4195
E-mail: w.langner@web.de

AUSBILDUNG

2005	Universitätsdiplom
2004	6-monatiges Praktikum in dem Medienunternehmen EVOLUZIONE MEDIA, München
2002	3-monatiges Praktikum in einem Zeitungsverlag in der Provinz, Heilbronn
2000 – 2005	Studium des Medienmanagement, Universität Mainz
2000	Abitur

Fremdsprachen

Deutsch: Muttersprache
Englisch: Schulkenntnisse
Französisch: gute Sprachkenntnisse
  (ein Jahr in Grenoble)
Spanisch: Grundkenntnisse

IT-Kenntnisse

Verwendung von: Word, XPress, Excel, Publisher, InDesign, PowerPoint

BERUFSERFAHRUNG

2007 – 2009   **Verlag BURDA MEDIA, Offenburg**

Manager im Bereich Marketing und Entwicklung

- Rentabilitätsberechnung für die Entwicklung
  neuer Produkte in Osteuropa
- Zuständig für den Anstieg des Absatzes einer
  neuen Zeitschrift für kreative Freizeitgestaltung
  um 25% im Jahre 2007

2005 – 2007   **MAVIES, Produktionsgesellschaft für
audiovisuelle Medien, Nürnberg**

Assistent im Bereich Produktion

- Konzeption und Entwicklung von Newsletter
  für den Kundenkreis
- Mitwirkung an einer Untersuchung über eine
  etwaige Ausweitung des Unternehmens
  in andere europäische Länder

Interessen

Tennis
Ehrenamtliche Tätigkeit beim Roten Kreuz

11

Formulierungen für E-Mails/Briefe

11.1 E-Mails/Briefe an Freunde und Bekannte

Anrede

Chère Corinne, — *Liebe Corinne,*
Cher Paul, — *Lieber Paul,*
Chère Madame, — *Liebe Frau ...,*
Cher Monsieur, — *Lieber Herr ...,*

Dank

Merci beaucoup pour ta gentille lettre. — *Vielen Dank für deinen lieben Brief.*

Merci beaucoup pour ta lettre du 27 septembre. — *Vielen Dank für deinen Brief vom 27. September.*

Merci beaucoup pour tes CD que je viens de recevoir. — *Vielen Dank für deine CDs, die ich soeben erhalten habe.*

C'est très gentil à toi d'avoir répondu si vite. — *Es ist sehr nett von dir, dass du so schnell geantwortet hast.*

Tu es très gentil/gentille d'avoir pensé à moi. — *Es ist sehr nett von dir, dass du an mich gedacht hast.*

Je te remercie beaucoup pour ton cadeau / pour ton invitation. — *Ich danke dir vielmals für dein Geschenk / für deine Einladung.*

Tu es très gentil/gentille de m'inviter pour les vacances d'été. — *Es ist sehr nett von dir, dass du mich für die Sommerferien einlädst.*

Merci beaucoup d'être venu/e me voir. — *Vielen Dank für deinen Besuch.*

Je te suis très reconnaissant/e de m'avoir envoyé ce livre. — *Ich bin dir sehr dankbar, dass du mir dieses Buch geschickt hast.*

Bitte

Je te serais très reconnaissant/e de m'envoyer ... — *Ich wäre dir sehr dankbar, wenn du mir ... schicken würdest.*

Pourrais-tu m'envoyer ..., s'il te plaît? — *Könntest du mir bitte ... schicken?*

Je voudrais te demander un petit service. — *Ich möchte dich um einen kleinen Gefallen bitten.*

Te serait-il possible de m'envoyer ...? — *Wäre es dir möglich, mir ... zu schicken?*

Freude

Ta lettre m'a fait très plaisir.	*Ich habe mich sehr über deinen Brief gefreut.*
Je suis heureux/heureuse que tu viennes passer quelques jours chez nous.	*Ich freue mich, dass du für ein paar Tage zu uns kommst.*
Je serais heureux/heureuse si tu venais chez nous.	*Ich würde mich freuen, wenn du zu uns kommen könntest.*
Cela me ferait très plaisir si tu pouvais venir me voir.	*Ich würde mich sehr freuen, wenn du mich einmal besuchen würdest.*
J'ai été heureux/heureuse d'avoir de tes nouvelles.	*Es war schön, mal wieder von dir zu hören.*

Bedauern

Je suis désolé/e, mais j'ai complètement oublié de …	*Es tut mir Leid, aber ich habe ganz vergessen, …*
Je suis désolé/e de ne pas pouvoir t'aider.	*Es tut mir Leid, dass ich dir nicht helfen kann.*
C'est dommage que tu ne puisses pas venir me voir cet été.	*Es ist schade, dass du mich diesen Sommer nicht besuchen kannst.*
Excuse-moi de ne pas avoir répondu à ta lettre plus tôt.	*Entschuldige, dass ich nicht eher auf deinen Brief geantwortet habe.*

Gesundheit und Krankheit

Comment ça va?	*Wie geht es dir?*
J'espère que tu vas bien.	*Ich hoffe, es geht dir gut.*
J'espère que tout va bien pour toi et ta famille.	*Ich hoffe, bei dir und deiner Familie ist alles in Ordnung.*
Comment vont tes parents?	*Wie geht es deinen Eltern?*
J'espère qu'ils sont en bonne santé.	*Ich hoffe, sie sind gesund.*
Je suis vraiment désolé/e d'apprendre que tu es tombé/e malade.	*Es tut mir sehr Leid, dass du krank geworden bist.*
J'espère que tu seras bientôt rétabli/e.	*Ich hoffe, du bist bald wieder gesund.*
Je te souhaite un bon rétablissement.	*Ich wünsche dir gute Besserung.*

Briefschluss

Merci encore pour ton aide.	*Nochmals vielen Dank für deine Hilfe.*
Je te souhaite de bonnes vacances.	*Ich wünsche dir schöne Ferien.*
Pour finir, je te souhaite encore une fois bonne chance.	*Zum Schluss noch mal alles Gute!*
A bientôt donc.	*Dann bis bald!*
Ecris-moi vite.	*Lass bald was von dir hören!*
Donne-moi bientôt de tes nouvelles.	*Lass bald von dir hören.*
Je t'écrirai plus longuement bientôt.	*Ich schreibe dir bald ausführlicher.*

Amitiés de mes parents.	*Herzliche Grüße von meinen Eltern.*
Donne le bonjour à ton frère / à ta sœur.	*Schönen Gruß an deinen Bruder / an deine Schwester.*

Bei Freunden/Bekannten

Amicalement, et merci encore.	*Mit herzlichem Gruß, und nochmals vielen Dank.*
Cordialement	*Mit herzlichen Grüßen*
Amitiés	*Freundliche Grüße / Herzliche Grüße*
(Unter Freundinnen:) Je t'embrasse (très fort).	*Herzliche Grüße und Küsse*

Bei Personen, die man ziemlich gut kennt

Cordiales salutations	*Herzliche Grüße*
Acceptez, Madame / Monsieur, mes cordiales salutations.	*Herzliche Grüße*

11.2 Formelle E-Mails/Briefe

Anrede

Madame,	*Sehr geehrte Dame,*
Monsieur,	*Sehr geehrter Herr,*
Madame, Monsieur,	*Sehr geehrte Dame,*
	sehr geehrter Herr,
Mesdames, Messieurs,	*Sehr geehrte Damen und Herren,*

Briefanfang

Je vous remercie beaucoup pour votre lettre du 5 avril que je viens de recevoir.	*Ich danke Ihnen vielmals für Ihren Brief vom 5. April, den ich soeben erhalten habe.*
J'ai bien reçu votre lettre du 22 mai.	*Ihren Brief vom 22. Mai habe ich erhalten.*
J'ai bien reçu votre paquet, et je vous en remercie.	*Ich habe Ihre Sendung mit Dank erhalten.*
Je viens de recevoir votre facture concernant …	*Ich habe soeben Ihre Rechnung bezüglich … erhalten.*
Je me permets de m'adresser à vous pour vous demander un renseignement.	*Ich erlaube mir, mich wegen einer Auskunft an Sie zu wenden.*
J'ai lu dans le journal «Le Monde» une annonce concernant …	*Ich habe in der Zeitung „Le Monde" eine Anzeige bezüglich … gelesen.*
Je vous demande tout d'abord de bien vouloir m'excuser.	*Ich bitte Sie zunächst um Entschuldigung.*

Bitte

Je vous serais très reconnaissant/e de bien vouloir m'adresser une liste des hôtels.	*Ich wäre Ihnen sehr dankbar, wenn Sie mir ein Hotelverzeichnis zuschicken würden.*
Je vous demanderais de bien vouloir me communiquer le prix de …	*Ich würde Sie bitten, mir den Preis von … mitzuteilen.*
Vous serait-il possible de m'indiquer où je pourrais trouver …	*Wäre es Ihnen möglich, mir anzugeben, wo ich … finden könnte.*
Je vous prie de bien vouloir m'indiquer le prix de …	*Ich bitte Sie, mir den Preis von … zu nennen.*

Je suis intéressé/e par ...
J'aimerais recevoir votre
catalogue.

Ich interessiere mich für ...
Ich hätte gern Ihren Katalog.

Pouvez-vous me donner une réponse
le plus vite possible?

Können Sie mir schnellstmöglich
antworten?

Briefschluss

Je vous remercie beaucoup pour
votre aide.

Ich danke Ihnen vielmals für
Ihre Hilfe.

Je vous prie d'agréer, Madame/
Monsieur, l'expression de mes
salutations distinguées.

Mit freundlichen Grüßen

Veuillez agréer, Madame/
Monsieur, l'expression de mes
sentiments distingués.

Mit freundlichen Grüßen

Dans l'attente de votre réponse,
je vous prie d'agréer, ...

In Erwartung Ihrer Antwort
verbleibe ich mit freundlichen
Grüßen

Avec mes remerciements,
je vous prie d'agréer, ...

Mit bestem Dank und freundlichen
Grüßen

Vous remerciant par avance pour
votre réponse / pour votre aide,
je vous prie d'agréer, ...

Im Voraus vielen Dank für Ihre
Antwort / für Ihre Hilfe.
Mit freundlichen Grüßen

Vom gleichen Autor sind in der Buchreihe *smf*
außerdem folgende Titel erschienen:

Richtig Französisch sprechen

*Im persönlichen Gespräch
und am Telefon*

Wortschatz für gutes Französisch

*Wörter, Ausdrücke und Wendungen
für aktuelle Kommunikation und Smalltalk*

Französische Grammatik fürs Sprechen

*Einfach –Praktisch – Effektiv
mit Übungen*

Wieder fit in Französisch

*Grammatik, Wortschatz und Wendungen
zum Auffrischen*

Smalltalk Französisch
einfach & effektiv

*Erfolgreich Kontakte knüpfen
ohne große Vorkenntnisse*